La parisina que tomó un taxi para ir al gimnasio

La parisina que tomó un taxi para ir al gimnasio

Gabriel Ginebra

Plataforma Editorial

Primera edición en esta colección: febrero de 2024

© Gabriel Ginebra, 2024
© de la presente edición: Plataforma Editorial, 2024

Plataforma Editorial
c/ Muntaner, 269, entlo. 1.ª – 08021 Barcelona
Tel.: (+34) 93 494 79 99
www.plataformaeditorial.com
info@plataformaeditorial.com

Depósito legal: B 21561-2023
ISBN: 978-84-10079-18-2
IBIC: KJ

Printed in Spain – Impreso en España

Diseño de cubierta:
Sara Miguelena

Realización de cubierta:
Grafime S. L.

Fotocomposición:
gama, sl

El papel que se ha utilizado para imprimir este libro proviene
de explotaciones forestales controladas, donde se respetan
los valores ecológicos y sociales, y el desarrollo sostenible del bosque.

Impresión:
Sagrafic

Índice

Parte I. Trabajar estresado es un mal negocio

1. ¿Corres o diriges? Descubrir el liderazgo *slow*. .   13
2. Quien no saque la lengua resulta
sospechoso   17
3. Trabajar como Vermeer: Poca cantidad,
mucha intensidad   23

**Parte II. 5 Herramientas para aplicar
el liderazgo *slow***

4. Espacios Vermeer de trabajo profundo   33
5. Poner la agenda a la parrilla.   49
6. La operación bikini: Menos es más   58
7. *Detox* digital   68
8. Parar, irse de retiro: «*When you feel the need
to speed up, slow down*»   82

**Parte III. El arma secreta del líder pacífico:
Unomismo**

9. ¿Por qué Obama tiene tiempo para ir
al gimnasio y nosotros no?   93

10. ¿De qué le sirve a Nixon ganar todo
    el mundo si pierde su alma? 98
11. Trabájate el cuerpo: Si te duele
    el estómago, tienes una conversación
    pendiente 104
12. Trabájate el alma: Antes iban al psicólogo
    los malos directivos, ahora van los mejores. . 111
13. Cuando te relajas eres tú mismo 119

Parte IV. Actitudes que encarna el líder pacífico
14. Muestra vulnerabilidad 127
15. Buscando líderes imperfectos. 134
16. Jefes que no quieren serlo. 142
17. Vivir el *Carpe diem* o en *mindfulness* 146
18. Sacar la viga del propio ojo, antes que
    la paja del ajeno. 152

Parte V. *Check list*: ¿Eres un líder pacífico?
19. Fórmulas para alcanzar paz: Whisky o San
    Agustín 159
20. ¿Has encontrado tu lugar o sigues
    dis-locado?. 164
21. Los 3 pilares del líder centrado: Negocio,
    equipo y Unomismo 171

Epílogo: Los mantras del liderazgo *slow* 182

Los mediodías en el barrio parisino de negocios de La Défense son vibrantes, eléctricos y urgentes. ¿Por qué corremos más cuando tenemos más cosas disponibles?

Deja la oficina y sale a la calle. Siente instantáneamente que todo el mundo sabe a dónde se dirige, qué tiene que hacer y por qué. Es un enjambre. Ella tiene ahora una idea precisa: debe ir al gimnasio sin demora. No se siente relajada.

Deberá regresar en una hora para la siguiente reunión. Es muy importante para ella. En la última quincena sus ventas se han estancado un 2,3 % por debajo del objetivo. Un contratiempo para cobrar el bonus que tanto necesita para hacer frente a sus facturas. En la bicicleta elíptica repasará sus argumentos. Cree que los tiene.

A ver dónde encaja al menos un sándwich para no caer desmayada por falta de azúcar en plena discusión. Cae en la cuenta que hace tiempo que debería haber concertado hora con su dietista. En varios momentos del día siente gastritis. Quizá provenga de una nueva alergia.

Apenas le va a quedar media hora real para practicar ejercicio. Su distinguido gimnasio está a diez minutos de camino, y los minutos restantes se consumirán en cambiarse de ropa, ducharse, arreglarse y volver a enfundarse su exclusivo traje chaqueta.

¡Qué atrás queda su estilo casual característico!, cuando paseaba por las callejuelas de su Borgoña natal. Pero ya se sabe: ella es una chica de talento y le corresponde desplazarse a l'Île de France, donde hay que vestir de forma más sofisticada. ¡Quién pudiera volver a los campos de su juventud! A ver si algún fin de semana largo puede hacer una escapada.

Mira el reloj. Cae en la cuenta de que va justa de tiempo. Necesita el gym más que el comer. Desestresarse antes de la batalla. Alguien le sugirió el boxeo, para el yoga le falta tiempo.

En la acera todo es ruidoso. Caótico. Va acelerada, lo sabe. Pero solo si adquiere más responsabilidades alcanzará el nivel de ingresos que le permitirán pagar el dietista, el traje chaqueta, sus escapadas de fin de semana, el fisioterapeuta, el gimnasio, los taxis...

Finalmente se decide por tomar un taxi para ir al gimnasio, en lugar de ir caminando. Es caro, pero hay mucho dinero en juego y no tiene tiempo que perder. Ya sentada en el asiento trasero, mira por la ventanilla. Sonríe al ver una valla publicitaria con el eslogan que ella misma encargó para la última campaña de refrescos: «Tiene que haber una forma diferente de vivir».

Parte I.
Trabajar estresado es un mal negocio

1.
¿Corres o diriges?
Descubrir el liderazgo *slow*

«No molestar, estoy pensando», rezaba un cartel irónico en la puerta de algunos despachos. Hoy en día, si llamas a un jefe es más probable que escuches respuestas del tipo: «Tengo mucho trabajo», «Estoy estresado», «No tengo ni un minuto». ¿Corres o diriges?, esta es la cuestión.

¿Qué concepción del *managament* domina en tu caso? ¿Ves como «difíciles» más de un día a la semana, más de una semana al mes, o más de dos meses al año? ¿Te sientes culpable cuando te localizan en casa a las 10 de la mañana o a las 7 de la tarde? ¿Llegas a tiempo a los actos a los que te propones ir? ¿Piensas que deberías apuntarte a un gimnasio y no lo haces por falta de tiempo? ¿Llevas un ritmo laboral que te parece razonable?

Si te ves retratado en estas preguntas urge que te detengas a pensar. No es lo mismo moverse que hacer cosas. No es lo mismo remover que empujar, cambiar que mejorar. Las funciones más propias del directivo (diagnosticar el presente, definir el futuro, planear la acción, tener alternativas para el cambio...) no sintonizan con una actividad sin holguras, sin cuarteles de invierno, sin tiempo para «perder» con las personas.

No es mejor directivo quien no tiene tiempo para mirar de frente a los ojos: a los ojos del presente, a los ojos de la empresa, a los ojos de las demás personas. El buen directivo debe ser un líder pacífico, con paz interior y que difunde esa paz en el entorno. Esa «tranquilidad en el orden», como la definían los clásicos. Dirigir no es correr, es solo su etapa adolescente.

Lentamente, nos vamos convenciendo de la necesidad de llevar un ritmo profesional más reposado —aunque solo sea por evitar los sustos en las revisiones médicas—, pero todavía son pocos quienes se creen que sea también lo mejor para el negocio, y menos aún quienes saben ponerse a caminar en esa dirección.

Aquí tienes una primera lista de sugerencias de este replanteamiento del dirigir que llamo liderazgo *slow*.

1. ***Dedicarse a una sola cosa.*** Este es el lema de una tribu senegalesa para cada día que comienza. Y en el otro extremo del mundo, cuentan que el decano de la Harvard Business School pasaba cada tarde por los despachos de los profesores preguntándoles: «¿Qué has hecho hoy de importante para las personas importantes de las empresas importantes de este país?».
2. ***Dejar de hacer.*** Quien quiere ayudarte en tu negocio te empuja a plantear nuevos productos, sistemas y servicios, a perseguir más y mejores objetivos. Con esta es-

trategia no es raro acabar tensando la organización, empeorando las actitudes y poniendo en peligro la continuidad de los recursos.

Hay muchos directivos que viven confundidos en los términos, y no entienden aquello del «you can do anything, but you can't do everything».

En lugar de preguntarnos qué más podemos hacer, deberíamos preguntarnos qué menos debemos hacer. Descubrir qué comités improductivos mantenemos, qué procedimientos internos son un lastre, qué sistemas de evaluación se han convertido en una carga —porque no funcionan como medio de conectar con los colaboradores como fueron pensados inicialmente—. Hemos pasado del cumplimiento a un mero cumplo-y-miento, como advertía Baltasar Gracián.

3. *Hacer menos.* El rendimiento suele ser marginalmente decreciente. La cultura de la lucha por la excelencia nos aparta progresivamente del punto óptimo de la productividad. Por eso suelo incitar a «trabajar lo peor posible».

¿Es necesario realizar un cierre contable trimestral o sería suficiente con hacerlo semestralmente? ¿Vale la pena proponer una encuesta de clima laboral anual o sería suficiente con hacerla bianual? ¡Conozco muchas empresas que hacen hasta cuatro encuestas anuales! ¿Podría reducirse la frecuencia de reuniones de seguimiento, de dos a tres semanas —una cadencia en la que nos cuesta pensar por geometría del calendario—?

4. **Dirigir con holguras.** Todo cable cortado a la medida quedará corto. Para disponer de recursos ante los nuevos acontecimientos, debemos contar con tiempos de reserva (tanto mental como de agenda). Mantener en el calendario de hoy espacios para trabajar la acción del mañana.

5. **Formalizar lo importante.** Lo urgente se come siempre a lo importante, mientras no demos a este su lugar entre lo urgente. El largo plazo no existe, solo existe el corto para pocos días después. ¿Cómo encajamos la dedicación a lo importante en nuestro día a día?

Si compartimos la idea (como nos gusta decir) de que la clave de una empresa está en sus personas, deberíamos bloquear espacios de agenda para cuidar de ese activo.

No me resisto a recurrir de nuevo a Juan Ramon Jiménez, que sintetiza magistralmente el nucleo del liderazgo *slow* que proponemos:

«Si vas de prisa / el tiempo volará ante ti, como una / mariposilla esquiva. / Si vas despacio,/ el tiempo irá detrás de ti,/ como un buey manso».

¿No encontramos aquí una sólida inspiración para gestionar mejor el tiempo, el estrés, las prioridades y las personas? En una palabra, el líder poscovid será un líder pacífico o no será líder.

2.
Quien no saque la lengua resulta sospechoso

¿Vas más estresado que quienes dependen de ti?

¿Cómo detectar a simple vista a las personas que ocupan cargos relevantes? ¿Se les ve tranquilos o estresados? ¿Siguen frescos o resoplan? ¿Llegan pronto o tarde a sus citas? ¿Parecen más centrados o dispersos que el resto? ¿Te atienden mejor o peor que lo hacían antes de acceder al cargo? ¿Se muestran pacíficos o atolondrados?

Tengo un primo que acaba de asumir la dirección general de una organización significativa en la ciudad, con cientos de profesionales de primer nivel a su cargo. También el cuñado de un amigo —aunque su bagaje es más bien literario— ha sido escogido presidente de la primera institución política del país. Hace unos años, mi pacífico y simpático director de tesis Alejandro Llano fue promovido a rector de la Universidad de Navarra.

¿Qué cambios experimentan los profesionales cuando desempeñan puestos de responsabilidad? ¿Se vuelven más simpáticos o, por el contrario, pierden el sentido del humor?

En la mofa empresarial televisiva *Camera Café*, una secretaria (Cañizares) es promovida repentinamente a directora general, sin explicación alguna. ¿Cómo se refleja el meteórico ascenso en la conducta de este personaje?

La primera manifestación de que la Cañi ostenta un cargo importante es que gesticula y habla más aprisa. Camina mientras habla por teléfono, tomando supuestamente decisiones cruciales sobre la marcha. Mira con cara más seria a quienes hasta ese momento eran sus iguales.

A la Cañi se le sube el puesto a la cabeza y empieza a despreciar a los demás; dicta órdenes, se muestra altiva. Se enfada a la mínima, hasta el punto de despedir de un plumazo al chico de las fotocopias, porque le parece que la ha criticado. Los empleados le tienen miedo y hablan mal de ella a sus espaldas. La confianza que tenían antes como colegas se evapora. Quienes antes eran sus aliados, se alían ahora contra ella.

De golpe, en medio de una bronca atroz con uno de sus empleados, toma conciencia del cambio que ha experimentado su comportamiento. Se arrepiente y se pone a abrazar a todos y a pedirles perdón: «Es que nadie debería estar por encima de nadie», se lamenta. Para compensarlos de alguna manera, promociona a sus compañeros de forma arbitraria a cargos inventados (comisario de trazabilidad, directora de recursos energéticos...).

La idea tópica de un directivo, la caracterización que vemos en los anuncios de televisión, es de alguien estresado.

Alguien que siempre entra rápido a los lugares, que cruza la calle sin esperar al semáforo, que mira continuamente el reloj, que va pegado al teléfono.

Si nos cruzamos con un jefe en una oficina, este transmite una sensación de ser alguien poco asequible. Apenas nos mira. En su despacho, no levanta los ojos de la pantalla mientras nos habla. Parece que venga siempre de estar con gente importante, y que vaya a desaparecer en cualquier momento requerido por asuntos más importantes todavía.

Se le supone enfrascado en temas de gran calado, por eso no puede hacernos mucho caso. Atendernos no es algo esencial para él, su agenda está llena de prioridades, independientemente de lo que digan sus discursos o su descripción de lo que deben ser sus responsabilidades. A menudo, se cae en «dime de qué presumes y te diré de lo que careces».

Un jefe que no corre y que se detiene a escuchar a las personas resulta cuanto menos sospechoso. Quizá está tramando algo, quizá trata de quedar bien por algún motivo, o está a punto de jubilarse. Si un jefe nos espera al acabar una reunión, si nos dice que quiere hablar con nosotros en privado, ¿qué nos pasa por la cabeza?, ¿nos vienen buenas o malas vibraciones?

Si ya eres jefe, te invito a realizar la experiencia. Entra un día en la oficina con toda la calma del mundo. Proponte llegar tarde, entrar sin prisa. Pierde el tiempo en el pasillo o en la máquina de café. Verás cómo los empleados se incomodan, sospecharán que hay gato encerrado, porque no es lo normal, no es lo que se supone que tiene que hacer un jefe.

El directivo atolondrado te hace daño cuando intenta ayudarte

Mi amigo Tácito se quedó sin trabajo a los cincuenta años largos. No lo tenía fácil. Como es lógico, intenté ayudarle, aunque solo fuera por aquello del hoy por ti, mañana por mí (pues ya tenemos ambos unos años). El hecho es que aproveché mis contactos para presentarle al CEO de una empresa familiar bastante grande.

El flechazo fue instantáneo por ambas partes: «compartimos una misma filosofía», «me entusiasma lo que puedes llegar a hacer con nosotros», «necesitamos alguien con tu empuje aquí». Estos fueron algunos de los calificativos del CEO en la primera entrevista, que reiteró en una segunda y en sus correos y llamadas telefónicas.

Mi amigo estaba entusiasmado, no era para menos. No tenía claro el cómo ni el cuándo, pero no le quedó duda alguna de que se incorporaría. Yo le felicité, pero no comenté nada, no fuera a echar a perder lo que había comenzado tan bien. De todos modos, algo me decía que las cosas no podían ser tan fáciles..., como así fue.

Tras más de un año de entrevistas, promesas, rectificaciones, nuevos intentos, mi contacto tuvo que reconocer que no tenía una plaza para mi amigo. Para Tácito el desengaño fue enorme, pues había depositado en esta contratación sus mayores esperanzas existenciales. Entró en un periodo negro de su vida, del que todavía no se ha recuperado.

La sensación que le quedó a mi amigo sobre aquel CEO fue agridulce. Por un lado, apreciaba los elogios a su bagaje y actitud ante el trabajo (que creía sinceros). Pero, por otro lado, se sintió desengañado, casi engañado, porque las promesas reiteradas no se concretaron de forma alguna.

A pesar de haberle concedido largas entrevistas, no podemos decir que mi amigo se sintiera bien atendido ni escuchado. A la hora del desenlace, el CEO no fue capaz de dar una explicación clara de por qué se habían truncado tantas opciones como parecían abrirse. Le habló de obstáculos que habían puesto terceras personas, algo que Tácito consideró una excusa, ya que era un CEO con plenos poderes en el Consejo de Administración. Con una lógica aplastante me preguntaba: «¿Cómo es posible que siendo el director general no se imponga si piensa que mi incorporación es tan buena para la empresa?».

El CEO es un buen tipo y tiene altas capacidades. ¿Cómo es posible que alguien tan favorable, y que ostentaba la máxima responsabilidad —con total libertad de acción ante los accionistas—, acabe haciendo un flaco favor a alguien con tanta disposición y tan capacitado como Tácito?

¿No nos habremos extralimitado queriendo «hacer el bien»? Ese «hacer mal el bien», que acaba convirtiéndose en «hacer el mal», porque se hace daño, por más buena voluntad que se tenga.

La parisina que tomó un taxi para ir al gimnasio

Actitudes del líder atolondrado	versus	Líder pacífico
1. Siempre ocupado		Siempre disponible
2. Va al *sprint*		Mantiene el ritmo de crucero
3. Promesa larga, acción corta		Promesa corta
4. Precipitación		Lenta reacción
5. Dice que sí por sistema		Dice que no habitualmente
6. Ser número uno		Ser de los buenos
7. Crecimiento ilimitado		Escala deseada
8. Cambio permanente		Duración y permanencia
9. Perfección		Mejora gradual
10. Ante la dificultad, aprieta		Ante la dificultad, deja ir

3.
Trabajar como Vermeer:
Poca cantidad, mucha intensidad

> El trabajo no se mide por su sueldo, ni
> la contribución por los beneficios, ni el
> aprender por las calificaciones, ni los ami-
> gos por el número de *likes*, ni el amor por
> el número de coitos.

Rendimos culto a la cantidad. A la cantidad de dinero, bienes, contactos, al número de títulos y de cargos. Nos fijamos en la cantidad de estudios o de experiencias. Con esta actitud acumulativa nunca lograremos una vida tranquila. Quien ha ganado un millón de euros, aspirará a ganar otro millón. Si ganas la liga, tendrás que revalidarla al año siguiente y, además, deberás ganar la Champions si no quieres decepcionar a tus seguidores. Si has escrito un *best-seller* nacional, deberás intentar que el próximo sea internacional, y repetir la gesta cada año.

Volvamos a nuestra fórmula de «la felicidad es inversamente proporcional a la aceleración». Si primamos la cantidad sobre la calidad, iremos siempre estresados, acelerados, cortos de presupuesto y estaremos obesos.

Lo explica magistralmente Pablo d'Ors en su *Biografía del silencio*. Un texto que gana fuerza si pensamos que está escrito por un sacerdote.

> Hasta que decidí practicar la meditación con todo el rigor del que fuera capaz, había tenido tantas experiencias a lo largo de mi vida que había llegado a un punto que no sabía bien ni quién era: había viajado a muchos países, había leído miles de libros; tenía una agenda con muchísimos contactos y me había enamorado de más mujeres de las que podía recordar. Como muchos de mis contemporáneos, estaba convencido de que cuantas más experiencias tuviera y cuanto más intensas y fulgurantes fueran, más pronto y mejor llegaría a ser una persona en plenitud.
>
> Hoy sé que no es así: la cantidad de experiencias y su intensidad solo sirve para aturdirnos. Vivir demasiadas experiencias suele ser perjudicial. **No creo que el hombre esté hecho para la cantidad sino para la calidad.** Las experiencias que vive uno para coleccionarlas nos zarandean, nos ofrecen horizontes utópicos, nos emborrachan y confunden...

Es la regla del café italiano: cuanto más corto mejor —a veces solo te manchan la taza—. Si por el contrario, como hace mi mujer, cuelgas 15 mensajes de golpe en el grupo familiar de WhatsApp, lo saturas y los hijos no abrirán ninguno.

El impacto de un autor, de un pensador, apenas depende del volumen de su obra. Salinger no es menos genio por haber escrito solo una novela. Ni es menos poderosa la película *Smoke* porque sea el único film de Paul Auster. En este capítulo de producción excelsa pero escasa vale la pena citar a cineastas como Stanley Kubrick o Francis Ford Coppola, el vino del Priorat y, especialmente, al pintor holandés Johaness Vermeer.

Vermeer: Gran artista de obra pequeña

Hace unos meses visitaba una exposición sobre Van Gogh con un amigo crítico de arte. Le dije que estaba escribiendo un libro inspirado en Vermeer (este que lees). Le hizo mucha ilusión. Enseguida empezó a explicarme detalles que desconocía del pintor de Delft.

Una de las cosas impresionantes de Vermeer es la desproporción entre el tamaño de su obra y su influencia en la historia de la pintura. Se le conocen apenas 49 obras catalogadas. En toda su vida pintó solo unas 100 telas, lo que algunos pintores pintan en un año.

Sus cuadros son de reducidas dimensiones, a pesar de estar llenos de detalles como frutas, muebles, ropa o cubertería.

La encajera de bolillos (24 × 21 cm)
La joven de la perla (44 × 39 cm)
La lechera (45 × 41 cm)
La muchacha del collar de perlas (55 × 45 cm)
El astrónomo (51 × 45 cm)

«Non multa sed multum», sentenciaba Quintiliano. **No importa hacer muchas cosas, sino la calidad de aquello que se hace.** La intensidad es mucho más importante que la cantidad: de amistades, días de trabajo, reuniones; de películas o libros que lees. Incluso en las relaciones sexuales importa más la calidad que la cantidad, como enseña el tantra y cualquier sexólogo con un mínimo de sentido común.

> Hay algo más triste que no tener la experiencia que deseas: tenerla y descubrir que no te aporta nada, que no es lo que esperabas.

La cuestión no es olvidarse del título de una película que has visto, el problema es olvidarte de que la has visto. Descubrir, cuando ya la estás acabando, que la habías visto con anterioridad. No ser capaz de acordarte de ninguna situación, frase o personaje; que viéndola no hayas aprendido nada, ni disfrutado. Hablo por propia experiencia.

Lo pequeño es hermoso

La escuela flamenca de pintura, que nace del mundo espiritual protestante, crea un espacio artístico propio alejado de la grandiosidad del Barroco católico de figuras como Velázquez con sus reyes y batallas. Los protestantes eran muy sobrios en el arte religioso, no lucían imágenes en los templos. Eso redujo enormemente el espacio de expansión de los artistas.

Como la Iglesia no contrataba sus obras, los artistas tuvieron que ceñirse a pequeños encargos de particulares o a preparar cuadros sin encargo previo (algo que hasta entonces no se había hecho). Algunos se especializaban en temas concretos: marinas, peces, nubes...

Inventaron el bodegón y la pintura de pequeñas escenas representadas por personajes burgueses de la época. Los rostros, los detalles, la luz son elementos esenciales de este episodio central de la historia de la pintura.

En la escuela flamenca la pintura se retira al interior de la casa, vuelve la mirada hacia lo cotidiano; nada de batallas ni grandes montajes. Se nos revela la magia de los objetos y su luz.

En los cuadros de Vermeer no pasan grandes cosas. El aura de las personas se nos ofrece con la intensidad y quietud de un bodegón. El fondo sencillo de los cuadros, de pared blanca en muchos casos, confiere primacía a los personajes. *La lechera* representa a una mujer sencilla que realiza una acción sencilla, pero su figura resulta así monumentalizada.

De la misma manera, *La encajera de bolillos* desarrolla un trabajo sencillo, pero con gran dignidad. Es un universo muy femenino. Todo sucede en un entorno sereno, de gran intensidad, silencioso, pero lleno de emoción; más relacionado con un estado que con un resultado.

El tiempo se alarga si vas despacio

«Cuanto más nos acelera la tecnología, más tiempo nos quita», concluye el pensador Hartmut Rosa en su ensayo *Alienación y aceleración: Hacia una teoría crítica de la temporalidad en la modernidad tardía* (2010).

Es la gran paradoja sobre el aprovechamiento del tiempo. Cuando corremos para ganar tiempo, este disminuye. Nos deja una sensación de que no tenemos tiempo para nada. Pero en cambio, si ralentizamos, el tiempo se alarga. Esto resulta muy evidente en las escenas de cine. Las películas lentas transmiten más en menos metraje.

Como nos dice el científico alemán Stefan Klein: «La prisa es el mejor modo de perder el tiempo». O William Faulkner en *The Sound and the Fury*: «Only when the clock stops does time come to life» (Solo cuando el reloj se detiene vuelve el tiempo a la vida).

El ritmo pausado de Vermeer al pintar, el ritmo de los personajes de sus cuadros que trabajan sacan punta al instante. En *La lechera*, en *Mujer leyendo una carta*, en *La encajera de bolillos*, las protagonistas del cuadro están centradas en su lugar y su actividad. Están absortas, en presencia plena, en su tarea, el tiempo se ha parado.

Cuando alguien está centrado plenamente en lo que hace, movimiento y quietud se confunden. El tiempo pasa volando, porque no notamos el movimiento, hay algo de perenne en esa intensidad.

La semana pasada tuve el reto de impartir mis primeras

cinco horas seguidas de docencia *online*. Viernes tarde de verano, de las 17:00 a las 22:00 horas. Parecía un reto imposible. Pero una conjunción de circunstancias —como el pánico y el apoyo de Carmen— me permitieron preparar especialmente la sesión. Mis hijos no paraban de rezar. El resultado fue un éxito rotundo: «Me gustaría que hubiera más profesores así», dijo una alumna. A mí, como profesor, la sesión se me hizo corta. Nunca cinco horas de docencia seguidas me han pasado tan volando.

Al ir despacio, lo pequeño se vuelve grande. Como sostiene Pablo d'Ors: los actos se vuelven rito.

Ahora diría que cualquier experiencia, aun la de apariencia más inocente, puede ser demasiado vertiginosa para **el alma, que solo se alimenta si el ritmo de lo que se le brinda es pausado**. [...]

He descubierto que todo sin excepción puede ser una aventura. Escribir una novela, cultivar una amistad, hacer un viaje... es una aventura. Pero también dar un paseo puede ser una aventura y leer un cuento o prepararte la cena.

En realidad, cualquier jornada, aun la más gris, es para quien sepa vivirla una aventura inconmensurable. Hacer la cama, lavar los platos, ir a la compra, sacar al perro. Todo esto —y tantos otros quehaceres comunes— son aventuras cotidianas, pero no por ello menos excitantes y hasta peligrosas. La meditación que ahora practico apunta al carácter aventurero —que es tanto como decir insólito o milagroso— de lo ordinario.

Parte II.
5 herramientas para aplicar el liderazgo *slow*

4.
Espacios Vermeer de trabajo profundo

Nos resulta atractiva la idea de calidad *versus* cantidad, pero después nos resistimos como gato panza arriba a incorporarla en nuestro trabajo, en nuestra forma de organizarnos. Seguimos alardeando de hacer muchas cosas, del número de visitas o llamadas que tenemos, de controlar todos los temas, de estar metidos en todos los fregados, tener muchos títulos, conocer a mucha gente...

Nos aterra reconocer que estamos atrapados en el activismo. Ante la falta de resultados, nos justificamos mostrando los infinitos trabajos realizados. Acostumbramos a decir un montón de cosas en nuestras presentaciones porque nos da miedo omitir el punto central, que, además, no sabemos cuál es.

No consentimos que nuestros colaboradores nos entreguen algo corto, sintético, que sea esencial, realmente intenso, pero corto. Nos parece que no han trabajado lo suficiente, que ha faltado esfuerzo. «Cuanto más rollo, más nota», pensábamos como estrategia en los exámenes de bachillerato. Al parecer, seguimos igual.

En una ocasión, le preguntaron a Juan XXIII cuántas personas trabajaban en el Vaticano, y con su habitual sentido del humor, después de unos segundos en que simuló hacer cálculos, contestó: «Aproximadamente la mitad».

Y se quedó corto. Los estudios nos indican que el tiempo de trabajo realmente productivo apenas alcanza la mitad del tiempo total que pasamos en la empresa. Como en el baloncesto, no es extraño registrar unos tiempos de juego efectivo alrededor del 30 %, incluso menores cuando hay estrés y atolondramiento.

Excepto en contadas excepciones y en periodos muy limitados, no es necesario ampliar el horario total para lograr aumentar la eficacia. Sería suficiente con incrementar en un 10 % el tiempo efectivo / el tiempo total de trabajo.

«Despacito y buena letra, el hacer las cosas bien importa más que el hacerlas», sentenciaba Antonio Machado. El impacto de una acción organizativa no depende de su volumen, sino de su acierto. La clave es la intensidad, la plena presencia, la concentración: el foco que ponemos en aquello que planteamos.

«La inteligencia está sobrevalorada», afirma Robin Sharma. **Logra más una medianía enfocada que una lumbrera descentrada.**

La misma idea que propone Carl Newport en su libro *Deep Work: Rules for Focused Success in a Distracted World*, 2016 (*Céntrate. Las cuatro reglas para el éxito en la era de la distracción*). En la economía del conocimiento no faltan horas de trabajo. Faltan horas de trabajo profundo.

Para todas las responsabilidades que incluyen pensar, decidir, conectar, crear, organizar, diseñar o redactar, no son horas lo que falta, sino horas de trabajo enfocadas, intensas, densas.

No te engañes. Si estás leyendo este libro, no te faltan horas de trabajo. Es posible que hasta te sobren. Lo que te falta es centrarte en la esencia. Y dejar de hacer, pensar y sentir tantas cosas que están lejos de ella.

Crear espacios Vermeer de trabajo profundo

¿No te sucede a veces que en una hora obtienes más luz que en semanas de reflexión? Quizá llevas meses pensando cómo estructurar un proceso de *coaching*, y de repente te viene a la cabeza todo el proceso. Estabas buscando la argumentación para una presentación, y tienes una *aha experience* que lo desencalla todo.

Estos momentos de lucidez, de *flow*, no provienen de los astros o los humores. Suceden normalmente cuando se ha alcanzado cierto nivel de concentración y profundización en la cuestión.

Un espacio Vermeer es un espacio de trabajo intenso, que adopta el espíritu de la *Encajera de bolillos*. Una actitud de concentración, foco, intensidad y calma interior. Lo que hoy en día llamaríamos **mindfulness**: estar en lo que se debe, y, sobre todo, **estar en lo que se hace**.

Más vale 2 horas de concentración que 20 de dispersión. Un mes concentrado en acabar un trabajo de fin de carrera da más resultado que un año entero con una intensidad menor. Por eso, se marcan más goles en los últimos 10 minutos de un partido que en los 45 de la primera parte.

Cuando se logra un espacio Vermeer la productividad se dispara. Se consigue ver claro, desencallar, decidir. Se gana tiempo y se acaba antes. Se cumple mejor con los plazos. Además, te invade un sentimiento interior de plenitud y orgullo profesional.

Así lo confiesan quienes se han decidido a ponerlo en práctica:

- Logré una mayor paz personal, más centramiento y disfrute. Mayor aprovechamiento del tiempo. Mejores decisiones.
- Me he marcado **60 minutos de silencio digital** absoluto, para empezar y finalizar una tarea que he estado posponiendo dos semanas. La sensación al finalizar ha sido buena, una sensación de tener los «deberes hechos» que te produce **paz y relajación**. En mi rendimiento ha impactado mucho. Puedo concentrarme más y mejor en las tareas, tras haber eliminado el **pensamiento negativo** de tener esa tarea pendiente por realizar.
- Definí mi espacio Vermeer en mi lugar de trabajo, el jueves después de las 18:30 y el sábado de 13:30 a 14:30, cuando hay calma en la fábrica. Puse mi móvil en modo avión para evitar interrupciones. Fue una buena experiencia, sentí que avanzaba en los asuntos pendientes al

no percibir interrupciones. El trabajo realizado fue concreto y asertivo, pues definí las actividades que iba a llevar a cabo durante ese lapso y me ayudó a concluir las tareas pendientes. Creo que el impacto en mi rendimiento fue muy bueno, concluí las tareas que me asigné con buen tiempo, sin prisas, lo cual me ayudó a que el trabajo fuera realmente eficaz. **Cometí menos errores**, evitando así repetir una tarea innecesaria.

¿No te parece que vale la pena?

Veamos, a continuación, los elementos para ponerlo en práctica.

1. Algo esencial de tu aportación (lomo ancho)

En un espacio Vermeer trabajamos un aspecto central de nuestra responsabilidad. A lo largo de la semana realizamos infinidad de actividades (revisar emails, participar en reuniones, elaborar documentos, llamadas, saludar a colegas, buscar información, ordenar, planificar...). Pero pocas son nuestras aportaciones específicas, aquello que nos permite avanzar. Las funciones en que somos especialmente buenos y que nos llenan de orgullo cuando las culminamos.

La tarea escogida debe ser **de lomo ancho**, como he desarrollado en mi artículo «Microestrategias para un trabajo más decente ahora y aquí» (2021). Una actividad que tenga relieve, espacio para el replanteamiento, no una mera ejecución mecánica de procesos predefinidos.

Veamos, ahora, la experiencia de Ángel (director de calidad de una planta industrial): «El trabajo consiste en tomar muestras de humedad a 11 equipos. Tiene una duración promedio de 4-5 horas. He aplicado el espacio Vermeer a esta tarea, concentrándome en comenzarla justo al inicio de la jornada laboral y enfocándome en un lapso de 90 minutos, sin interrupciones, hasta finalizar la recolección de los datos. Así, las primeras 2 horas del horario laboral pautan la organización del resto del día. En este lapso se tiene menor demanda de atención de emergencias de equipos, así como tareas administrativas, llamadas, respuesta a correos que conllevan el alargamiento de la recolección de datos».

2. Espacio físicamente recogido

Cada uno de nosotros deberíamos saber qué significa «recogido». No somos conscientes del efecto del ruido, la temperatura y la luz sobre la mente y el bienestar.

En la época en que trabajé para Arthur Andersen, encontré mi lugar de silencio en un bar del distrito de negocios. Allí me refugiaba cuando tenía que plantear un asunto, tomar una decisión o poner precio a una propuesta. Como había tanto ruido de fondo, quedaba aislado y podía concentrarme.

A menudo, las oficinas no son un buen lugar para concentrarse. Esta cuestión la caricaturiza Jason Fried en *¿Por qué no se trabaja en el trabajo?* La oficina está llena de peligros, como las interrupciones del jefe, sin ir más lejos. Es recomendable huir del lugar de trabajo si de verdad queremos adelantar.

En el capítulo de lugares especiales recogidos para trabajar, resulta ilustrativa la experiencia de Eloi Planes (CEO del grupo industrial Fluidra). Un buen día, desde lo alto de su edificio corporativo de las torres del Eix Macià de Sabadell, agobiado, sintió la llamada de la montaña de Montserrat que estaba a la vista.

Allí se dirigió y, sentado bajo un arco del monasterio, se puso febrilmente a escribir su visión de Fluidra para los próximos años. «Escribí tanto que se me acabó la tinta del boli —comenta— y tuve que pedir uno a los sorprendidos monjes». Y continúa: «Esa ha sido la estrategia que en esencia ha seguido la compañía en el último lustro».

Cuando en un día laborable Eloi me envía una foto entre viñedos, tengo claro que está en su espacio Vermeer.

3. Silencio digital, sin interrupciones (*concentration residue*)

Es absolutamente imprescindible cierto grado de desconexión digital para alcanzar estados de trabajo profundo. El silencio es necesario para conectar con aquello que hacemos, y con quienes lo hacemos.

Nunca he entendido por qué nos obligan a apagar los dispositivos electrónicos cuando el avión va a despegar. Obviamente, no es un tema de seguridad, si fuera así cada día caería un avión a causa de algún despistado. Se trata de dar solemnidad al momento, para que podamos elevar nuestra alma al cielo, bien pegada a nuestro cuerpo en ese trance.

El estado mental y emocional requerido para el trabajo profundo no aparece inmediatamente. El lunes a primera hora tardamos en salir del modo fin de semana y ponernos en *mood* laboral de entre semana.

Cal Newport ha llevado a cabo experimentos sobre la productividad. En uno de ellos, los participantes en una habitación realizan a solas una tarea que exige cierta concentración.

Con la excusa de pasar a recoger unos papeles, los investigadores interrumpen a algunos de ellos. El impacto sobre su productividad resulta demoledor, aunque los observadores no lleguen a abrir la boca. Después de la interrupción, la productividad registra un *concentration residue*, se pierde la concentración y no se recupera hasta al cabo de 12 minutos.

Podemos ver el fenómeno en esta secuencia de gráficas. Al ir añadiendo interrupciones, el nivel de profundidad alcanzable se reduce.

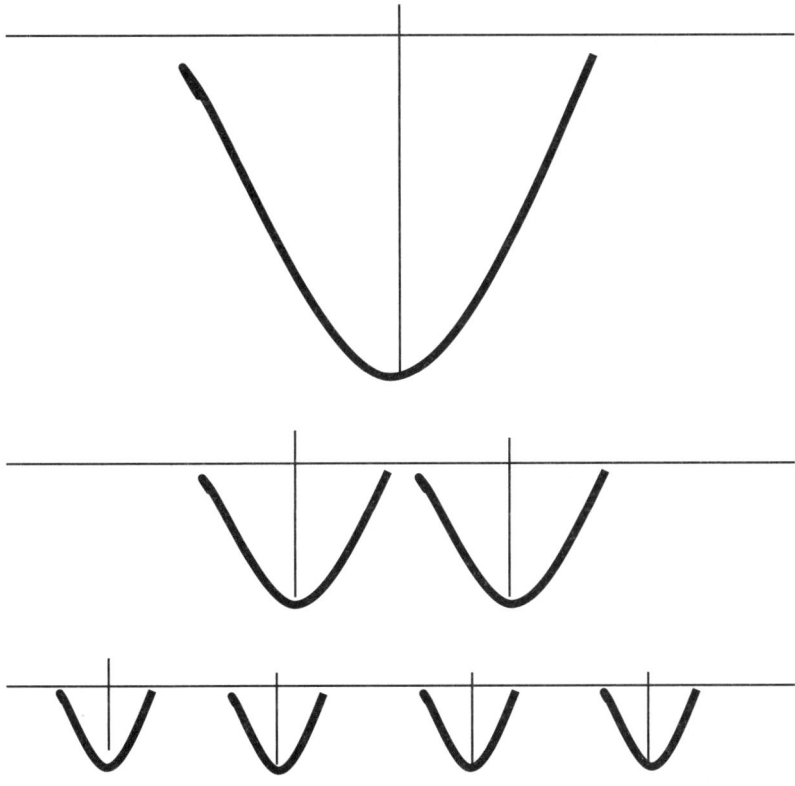

En consecuencia, si nuestros tramos de trabajo ininterrumpido no alcanzan los 15 minutos, nos mantendremos permanentemente en un estado de trabajo superficial. En los entornos actuales, la secuencia de actividades de gestión se está fraccionando tanto (según determinados estudios, una microactividad no llega a los 3 minutos), que raramente alcanzamos el nivel de trabajo profundo que necesitamos.

Por este motivo, tratamos de forma superficial los puntos críticos de los proyectos: qué se debe hacer, cómo debemos hacerlo y con quién. Así, no debe extrañarnos el grado de estupideces que se cometen en los entornos organizativos aparentemente más sofisticados.

Sonia (directora de una red de ventas) mandó a sus trabajadores que hicieran ratos Vermeer de desconexión y concentración. Les pidió que dijeran qué horas concretas escogerían. Para probar el experimento les llamó en las horas que habían establecido. ¡Todos respondieron a su llamada!

4. Un tiempo grueso

El espacio Vermeer debe ser un tiempo grueso y denso, debe tener cierta continuidad sin interrupción alguna. Como hemos visto, 15 minutos no son suficientes para conseguir la concentración necesaria que requiere un trabajo significativo.

La duración mínima de un tiempo Vermeer debería ser de 50 minutos. Otra cosa son los momentos de parón, que veremos más adelante, a los que llamamos «espacios Vermeer» en un sentido amplio.

El renombrado pensador empresarial Javier Fernández Aguado fundamenta su ingente labor intelectual en 2 o 3 horas cada mañana que dedica a estudiar, antes de sumergirse en el torbellino de gestiones a partir de las 11.

Carlos Goñi (CEO de la farmacéutica CINFA) recomienda no tener más de una reunión al día. Y que esta no supere las 1,5 horas.

La farmacéutica Novartis ha establecido en sus oficinas de España —como parte del **proyecto Trébol**— unos **horarios de silencio**, normalmente a primera hora de la mañana, en los que las comunicaciones están restringidas. Así todos los trabajadores pueden concentrarse en su tarea. En esa franja horaria, no se pueden convocar reuniones.

Denisse (directora comercial de una empresa argentina) nos comparte su espacio Vermeer: «Son las dos horas que tengo los miércoles por la mañana, día en que llego a la oficina a las 7:00; en ese tiempo, en el que estoy sola, puedo trabajar tranquilamente, sin interrupciones. Normalmente aprovecho para repasar los asuntos pendientes con clientes y organizar el trabajo de la semana. Los clientes europeos saben que pueden encontrarme a una hora hábil para ellos, lo que nos permite una comunicación mucho más eficiente. Mi rutina es siempre la misma: llego a la oficina, me lavo las manos, ordeno todos los correos de asuntos abiertos que tengo y envío mensajes de seguimiento. Considero que estas dos horas son muy productivas y me permiten organizar mi trabajo del resto de la semana de la mejor manera posible. Normalmente, aprovecho el mismo espacio de los miércoles para analizar los asuntos pendientes más complejos y decidir cómo los resolveremos. Trabajar sin interrupciones me permite concentrarme al 100 %».

5. Tu momento de lucidez

El principal ingrediente de cualquier trabajo de gestión eres tú mismo. Por eso no es suficiente contar con un espacio recogido y silencioso. Quien debe estar recogido y silencioso eres tú. Debes, por tanto, buscar tu momento de lucidez mental y emocional.

Siempre que comento esta cuestión, no dejo de acordarme de un catedrático de economía de una universidad pública. No permitía que se le planificaran las clases, las reuniones o le pasaran llamadas de 11:00 a 13:00 h. Aquel era el momento en que tenía la mente más despejada, y aprovechaba para dedicarlo a lo que consideraba su principal misión profesional: hacer funciones derivadas.

Es importante conocer los propios ritmos circadianos, a qué horas estamos más despiertos y descansados. Mucho se ha hablado de personas que son más de mañanas o de tardes, o incluso más de noches —haberlas *haylas*—.

En general se rinde más por la mañana, aunque el concepto de qué sea mañana viene marcado por los hábitos de sueño y vigilia en una determinada cultura y huso horario.

Como principio de productividad, Robin Sharma propone entrar a formar parte de *El Club de las 5 de la mañana* (2018). Según los estudios científicos, de 5:00 a 9:00 serían las horas que somática y psicológicamente mantenemos mayor foco y energía. En esta línea, propone la **fórmula**

del 90-90-1 como regla del éxito. Durante los siguientes **90** días, dedica los primeros **90** minutos de la jornada laboral a **1** proyecto central en tu vida.

6. Protegido por la rutina y la ritualización (hábito)

Es preciso defender nuestros espacios de trabajo, levantar muros de contención. Las rutinas y los rituales, los hábitos, son formas de proteger los espacios de tiempo, como desarrolla Byung-Chul Han en su libro *El aroma del tiempo: Un ensayo filosófico sobre el arte de demorarse* (2009).

También en su libro *Essencialism. The Disciplined Pursuit of Less* (2014), Greg McKeown analiza al detalle el *modus operandi* del trabajo de Michel Phelps. Sus días siguen una rutina muy definida: horarios, alimentación, entrenamientos, forma de vestirse. Las rutinas y los rituales crean un espacio seguro para él, que le permite competir al máximo nivel de exigencia de una forma serena. Pelear por una medalla de oro es una actividad metódica. No difieren mucho los días de competición de los que no lo son.

El mundo del tenis es también un lugar que destaca la importancia del silencio y los ritos para conseguir el éxito. Rafa Nadal pone en la pista una secuencia de botellas de plástico alineadas, con las etiquetas colocadas en perpendicular a la línea de fondo. Una práctica que tendrá que eliminar en el próximo Roland Garros por la prohibición del gobierno francés de distribuir botellas de plástico en las canchas. Nadal tiene un ritual completo: tocarse la cara, el cabello y los calzoncillos antes de un nuevo servicio.

En el mencionado proyecto Trébol de la farmacéutica Novartis, para la promoción del bienestar laboral en las oficinas, han creado unos pequeños tréboles de cartón con el objeto de que el empleado que se halla en un momento de concentración pueda hacerlo saber al resto de la plantilla. Para que una organización pueda avanzar en su liderazgo *slow* necesita ayudarse de efectos simbólicos.

Sandra nos comparte su experiencia con los espacios Vermeer: «"hay que estar concentrado para dar buenos golpes...", me acordé de dos grandes momentos de mi vida que hasta hoy no había sabido correlacionar ni aplicar. En la secundaria dedicábamos 5 minutos por las mañanas a "orar". Iba a una escuela salesiana, así que los "buenos días" se convertían en momentos para tranquilizarnos e iniciar la jornada. Por otro lado, en Novartis teníamos espacios para hacer *mindfulness* al inicio del día, con el fin de comenzar de la mejor manera posible y ser más eficientes...»

Y Sandra acaba de una forma brillante: «He visto memes que dicen "no molestar, hablo mucho y necesito acabar mi trabajo". Estoy considerando la opción de llevar una camiseta con este mensaje escrito al dorso».

PRACTICANDO EL LIDERAZGO *SLOW* EN TÚNEZ

Visto que la actividad *slow* tiene como finalidad quedar incorporada a la rutina habitual y dado que vivo a unos 40 km de mi lugar de trabajo, la que he escogido tiene que ver con este desplazamiento diario que recorro dos veces al día.

Mi trayecto diario es de 4 km por recorrido urbano y carretera comarcal, luego tengo 5-6 km por carretera nacional y, finalmente, el resto: unos 30 km por autovía.

Normalmente, circulo a todo lo que da de sí el coche y las condiciones de la carretera me permiten. Mi actividad *slow* consiste en respetar todos los límites de velocidad en la zona urbana y la carretera comarcal (es decir unos 50 km/h frente a los 80 km/h habituales), no superar los 80 km/h en carretera nacional y solo adelantar en los tramos con dos carriles en el mismo sentido (frente a 100 km/h antes) y, finalmente, no superar los 100 km/h en la autovía (frente a 130-140 km/h, que era lo habitual).

Quizá no sea una actividad totalmente *slow*, pero sí es algo más lenta que antes.

Mi primera sorpresa es que, a pesar de lo que pueda parecer con las diferencias de velocidad, solo tardo 3 minutos más en recorrer los 40 km. He de precisar que el tráfico aquí es un poco «caótico».

Las primeras sensaciones son desagradables. Por un lado, soy más consciente de, perdonad la expresión, lo jodidamente peligrosa que es la Trans-Africain Highway 1, se está más cómodo circulando rápido y adelantando a todo el mundo. Sabes que es peligrosa, pero te das menos cuenta. Por otro, el país está muy sucio —bolsas de plástico como maldición por todos lados–, se ve más al ir despacio y resulta desagradable.

Luego me doy cuenta de que, a mi llegada a la fábrica, mi estado de ánimo es diferente. Estoy más tranquilo, tengo menos pensamientos. Puede que sea porque para mantener los límites de velocidad que me he fijado, necesito concentrarme más ya que siempre que miro el cuentakilómetros estoy rebasando los límites de velocidad. Es como si, al ir más deprisa, las preocupaciones rebotaran dentro de tu cabeza y les dieras más vueltas. Al concentrarte en ir más despacio, las dejas de lado un rato. En el trayecto inverso también llego a casa mucho menos estresado, de mejor humor.

La conclusión es que voy a incorporar esta actividad *slow* a mi rutina habitual e intentaré mantenerla todo lo que sea posible.

P.S.: Han vuelto las cigüeñas y están haciendo sus nidos. No me había dado cuenta.

5.
Poner la agenda a la parrilla

Acabas la jornada laboral habitualmente

a) ¿a la hora prevista?
b) ¿más tarde de lo previsto?
c) ¿antes de lo previsto?

Más del 90 % de los directivos alargan habitualmente su jornada de trabajo. Estamos acostumbrados a que sea así, pero no debería parecernos tan normal. Si dedicamos al trabajo más tiempo del que querríamos, significa que dedicamos menos tiempo a otras actividades a las que igualmente querríamos dedicarnos: familia, descanso, amigos... Llama la atención que nadie diga que sale del trabajo antes de lo previsto, porque los objetivos del día pueden haberse logrado antes. Entonces, ¿por qué nos quedamos?, ¿nos sentimos mal cuando salimos antes que los demás?

Lo normal es que nuestra agenda eche humo. Si llamamos a un amigo en horas de trabajo, lo más probable es que responda que tiene un día complicado, que mejor hablar en otra ocasión —en el improbable caso de que conteste a tu llamada.

Padecemos una epidemia general de **agendicitis**, como la define Luis Piedrahita:

Es uno de los grandes males de este siglo. En el siglo XIV fue la peste bubónica; en el XIX, el cólera, y en el siglo XXI son los problemas de agenda. Gente que no quiere quedar contigo porque, en realidad, tiene cosas mejores que hacer.

Te lo dicen como si fuera una enfermedad, algo muy grave, casi con vergüenza. «El consejero delegado no ha podido venir por problemas de agenda». Pobriño... Te lo imaginas en la cama con un caldito.

¿Cómo podemos llamar a esa dolencia intempestiva producida por un exceso de citas en la agenda? *Agendicitis*: inflamación de la agenda. Dolencia intempestiva sin más solución que la amputación de la propia agenda y el reposo absoluto.

Ejemplo práctico: sobrevivió a una *agendicitis* porque le extirparon su agenda y le trasplantaron la de un jubilado.

LUIS PIEDRAHITA
Cambiando muy poco algo pasa de estar bien escrito
a estar mal escroto (2017)

Directivos y políticos se quejan continuamente de sus agendas, como si fueran algo que les imponen. Paradójicamente, cuanto más mando se tenga —a mayor capacidad de decisión—, mayores las quejas sobre lo apretado de la agenda.

La primera mentira sobre la agenda es que no depende de uno. Responsabilizarse del propio estrés es la primera responsabilidad de un directivo sensato. De no ser así, nos deslizaremos por la pendiente sutil del síndrome del sacrificio. Se deteriorará nuestro liderazgo: nos descentraremos y perderemos la ilusión.

El estrés de quien hace cabeza produce estrés en la cabeza de los demás compañeros. Crea situaciones injustas, victimistas, porque todos tenemos las mismas 24 horas cada día para hacer frente a nuestras responsabilidades.

¿Cómo suele ser tu agenda?: ¿apretada, imposible, echa humo?, ¿o es una agenda amable, que permite desarrollar un buen trabajo, mantener el buen humor y las buenas relaciones sociales?

El ejercicio de Poner tus TO DO'S a la parrilla consiste en analizar los ítems de la agenda y, con la mano en el corazón, cuestionarlos.

¿Mantengo en la agenda actividades

A. **Crónicas**, que siempre se han hecho
B. **Típicas/tópicas**, se supone que debería hacer
C. **Compromisos**, con terceras personas
D. Me **apetece** hacerlas
E. **He invertido** mucho hasta ahora?

A) Actividad crónica: «Se ha hecho siempre»

Pueblan nuestras agendas actividades crónicas, que aceptamos de forma acrítica. Las hacemos porque siempre las hemos hecho, porque nunca nos hemos planteado dejarlas de hacer, porque «aquí se han hecho siempre así».

El capítulo de las actividades crónicas va mucho más allá de lo que podemos pensar. ¿Qué aporta ese *reporting* semanal (que nadie lee y mucho menos analiza)? ¿Qué pasaría si dejáramos de hacer la reunión diaria, al menos los miércoles? ¿Qué pasaría si no redactáramos actas, si no dejáramos por escrito la estrategia, o hiciéramos la revisión del presupuesto cada dos meses?

Más veces de lo que pensamos no pasa nada cuando dejamos de hacer algo. Tantas publicaciones, emails, documentos, resúmenes, protocolos de control que están caducados. Tuvieron sentido en su momento, pero en la actualidad, si las dejáramos de hacer, solo causarían un alivio general.

No se trata de renunciar a las actividades crónicas por el mero hecho de que sean crónicas. Presentar la declaración de la renta es una actividad crónica anual, pero no hacerla nos deparará peores consecuencias.

En cambio, felicitar sistemáticamente los aniversarios en el grupo de WhatsApp de la promoción del colegio, probablemente, sea una actividad prescindible. Por felicitar de este modo, no tienes más amigos que las otras 100 personas que llevaron pantalón corto contigo. Ser el primero en felicitar no dice nada sobre el valor de nuestras amistades, solo dice que estás más ocioso. Por el contrario, ser el primero en felicitar a tu madre, que vive en otro continente, sí puede tener un valor. Y puede tener sus consecuencias.

El reto es adquirir el hábito de cuestionarnos qué aporta cada actividad que satura nuestra agenda. Si queremos avanzar en el camino del liderazgo *slow,* debemos tener el coraje de preguntarnos si de verdad aportamos algo a cada reunión que vamos, o si cada email que enviamos añade algo. ¡Atrévete a preguntar a tus clientes (tanto internos como externos) si lo que les envías les sirve realmente!

B) Actividad típica/tópica, lo que *debería* hacerse

Si repasamos nuestra agenda con sentido crítico, y con la mano en el corazón, descubriremos responsabilidades autoimpuestas. Tomamos notas, hacemos reuniones, redactamos emails e informes: decimos y escribimos porque se supone que deberíamos hacer, escribir o decir algo.

Vivimos bajo el imperio de la moda y el tópico. Razonamos así: dada nuestra categoría, debería tener esta titulación, dominar este programa informático, subscripción, plan de marketing o página web...

¿Debe nuestro negocio hacer una reflexión para definir **la misión, la visión y los valores**? Hace años se puso de moda esta tripleta (que nunca he conseguido entender) y nos vimos todos obligados a utilizarla, aunque no seamos capaces de distinguir «misión» de «visión».

Los que nos dedicamos a los servicios profesionales, tenemos mucho interés en promover este tipo de modas. Tantas cosas «nice to have», que no responden a necesidades significativas del momento.

Algunos participantes en nuestros talleres han tenido el coraje de reconocer como actividades prescindibles: «realizar un análisis con un informe para saber si se debe comprar aditivos o no» o el «reporte de calidad para un cliente en Alemania (que es muy probable que no utilice)». Pero mi mejor historia es la de María Antonia, que se replanteaba si acompañar a su hijo al futbol como hacían todas las madres. Y acabó por descubrir que al niño no le gustaba el futbol, en verdad, nunca se lo habían preguntado. Los padres no deberían sentirse culpables por no llevar a su hijo al futbol. Realmente, en la familia de María Antonia ese deporte solo le gustaba al padre.

C) Por compromiso, quedar bien

Cuántas cosas hacemos por compromiso en el sentido negativo de la expresión. ¿No lo queremos hacer realmente, pero nos vemos «forzados» a hacerlo, para quedar bien o para no quedar mal dejándolo de hacer?

El concepto de compromiso tiene una sombra mucho más alargada de lo que pensamos. Asistimos a una boda o a un acto social por compromiso. Pero también por compromiso recibimos a un proveedor de un servicio que no necesitamos y no pensamos comprar, contestamos un email, leemos un texto que no nos dice nada o participamos en una reunión. No queremos quedar mal al negarnos a recibir a un posible candidato. Pero es un acto estúpido que perjudica a ambas partes, y da una señal falsa. Nos lo piden: la agenda del otro pasa por delante de la nuestra.

Me gusta proponer el concepto de «insolencia comunicativa» para decir (y para decirnos) lo que realmente pensamos y lo que en verdad nos aporta cada interacción profesional.

Parsimonio Gorgonzola es un auténtico líder pacífico. Cuando en una reunión con su jefe, este le pregunta por un asunto que no ha tenido tiempo de estudiar no intenta quedar bien respondiendo cualquier cosa, sino que le dice sencillamente que no tiene una opinión formada.

Por compromiso aprobamos propuestas que no nos parecen justificadas, convocamos a personas cuya opinión no necesitamos o recibimos a alguien aunque estemos seguros de que no le aportamos nada.

El directivo pacífico deja de atender a una reunión cuando ve que no aporta algo.

D) Porque me «apetece»

Prudencia Bertrena es una profesional autónoma de relieve. Hizo la lista de los proyectos a los que pensaba dedicarse en los próximos meses. A continuación, los ponderó en términos de su aportación a su *budget* semestral. Así descubrió un par de proyectos/clientes que mantenía a pesar de su baja aportación porque era algo que le apetecía mucho.

Nuestras agendas se inflan de proyectos que nos hacen ilusión, pero cuya aportación no es proporcional a la dedicación que exigen. No se trata de renunciar a las actividades porque nos apetezcan, por un principio estoico-masoquista. Es preferible que nos gusten las cosas que debemos hacer, pero esa no es la razón por la que las debemos mantener en nuestros TO DO's.

El emotivismo y el buenismo son muy peligrosos. No hacemos las cosas porque nos apetezca, porque nos gusten, porque seamos buenos haciéndolas o porque hacerlas nos dé un sentido de realización.

Tras la *agendicitis* se esconden elementos tóxicos para el liderazgo: no querer salir de nuestra zona de confort, no entender nuestro papel como directivos, la incapacidad de hacer el duelo de lo que hasta el momento era una actividad clave, el no dejar ir, el afán de control...

María Lasabia es una directiva que se ha puesto en camino del liderazgo *slow*. En el taller se propuso dejar de saber las actualizaciones del programa informático de seguimiento de ventas. Tenía otras personas especializadas que ya la pondrían al día. Hizo el duelo de un programa que ella misma había implantado.

E) Porque he pagado mucho o dedicado mucho tiempo hasta ahora

Si después de pasar toda una noche apostando en el casino has perdido una gran suma, ¿cuál es la mejor (y la peor) forma de recuperar el dinero? Después de haber invertido tres años sacando adelante una propuesta sin viabilidad, ¿cuál es la mejor (y la peor) forma para amortizar el presupuesto gastado?

Hace años que en el análisis de decisiones se utiliza el concepto de *sunk cost* (costes enterrados). Aquellos gastos o costes que son consecuencia de una mala decisión anterior, y que nos tientan a tratar de recuperarlos reiterando la misma decisión.

Este error es más frecuente de lo que se piensa: inversiones bancarias (que causan bancarrotas), inversiones en maquinaria o sistemas informáticos que nadie utiliza, documentos o normativas excesivas, fracasadas. Mantenerlas provoca más perjuicio que deshacerse de ellas.

Es una patología organizativa difícil de detectar, porque se encuentra en el punto ciego de las posiciones de máxima responsabilidad. Departamentos enteros a los que la proliferación de procesos y sistemas corporativos, con presupuestos específicos, les viene de perlas. La huida hacia delante.

6.
La operación bikini: Menos es más

¿Qué video tiene mayores posibilidades de ser visto, qué texto de ser leído, que discurso de cuajar y tener impacto, uno corto o uno largo? «Lo bueno, si breve, dos veces bueno», decía Baltasar Gracián, y seguía diciendo, «Y aun lo malo, si poco, no tan malo». Tanto si es bueno como si es malo, mejor ser breve.

El liderazgo *slow* propone la operación bikini, basado en esta evidencia: reducir cantidad o duración, permite aumentar **intensidad**.

Seamos sinceros: la mayor parte de textos y PowerPoint son puro relleno. Se les puede aplicar aquello de: «ante el vicio de escribir, la virtud de no leer». Cuídate de escribir emails de más de dos párrafos, porque, cuando lo reciba el destinatario, lo archivará para ser leído «cuando tenga tiempo». Y ¿cuándo tendremos tiempo para leer esa nueva normativa de dieciséis páginas que se acaba de colgar en la intranet?

En el mundo anglosajón se ha popularizado el concepto del síndrome TMI (*Too Much Information*), que advierte que el exceso de información no aumenta la información, sino la confusión. A partir de cierta cantidad de datos, incorporar más hace que se pierda la idea que se quería transmitir.

McPherson, en la empresa Dana, ordenó quemar los gruesos manuales de organización y los sustituyó por una página con la filosofía que defendía la empresa. Marcus Sieff en Marks & Spencer eliminó el papeleo en un 80 % y sustituyó los manuales de política y organización por dos libritos con 12 páginas cada uno.

«Tener toda la música del mundo disponible es menos que tener tus cuatro discos favoritos», nos reta Hartmut Rosa, uno de los pensadores más importantes de Europa en la actualidad.

Es el efecto bikini: menos es más. Reducir texto en un artículo mejora su calidad, reducir proveedores mejora la relación con los proveedores que quedan. Reducir los puntos de la agenda aumenta el enfoque. Reducir la duración de una reunión o su frecuencia aumenta la concentración e intensidad.

Lo escaso tiene más valor. Si consultas menos el móvil, te resultará más sabroso cuando lo hagas. Después de meses de confinamiento domiciliario en España, alguien relataba la sensación que tuvo tras su primer corte de pelo: «Ahora noto la frescura del aire pasando entre mis orejas». Una actividad hasta entonces rutinaria y anodina se había convertido en un auténtico placer.

Este libro que estas leyendo es el resultado de aplicar el efecto bikini. En otoño de 2020 había acabado de escribir un libro de 50.000 palabras. Entonces, me pregunté si los principios que exponía podían aplicarse al mismo libro. Me planteé si con el 50 % del texto podía lograr el 80 % del impacto.

El principio del bikini se ha cumplido plenamente. El libro se ha difundido y ha interesado igual. Con una diferencia: antes, cuando alguien compraba mis libros, miraba el lomo y se decía: «Lo leeré cuando tenga tiempo». Si lo empezaba, lo dejaba a la mitad. Este último, en cambio, cuando alguien lo compra, se pone a leerlo y normalmente lo acaba. Y son muchos los lectores que me dicen que lo están releyendo.

4 minutos pueden durar más que 4 años

El impacto de un encuentro depende poco de su duración. En su conocida canción *Te recuerdo Amanda*, Víctor Jara nos decía, «la vida es eterna en cinco minutos», porque «los cinco minutos te hacen florecer». **Cinco minutos pueden ser eternos o se nos pueden hacer eternos.** No es lo mismo encontrarse con alguien que tropezar con él. No es lo mismo estar reunido que estar unidos.

Mi hija mayor se ha independizado hace poco. Solo la vemos cuando viene a comer una vez a la semana. Pero cuando está, está; te cuenta cosas e incluso te escucha. Ahora la sentimos más cercana que cuando estaba en casa, pero no le veíamos el pelo, o quizá era eso, le veíamos el pelo y basta.

Esta **primacía de la intensidad sobre la duración** se nota especialmente en las relaciones interpersonales, que son el corazón de la acción directiva. Cuatro minutos intensos pueden producir mayor conexión que cuatro años en una misma oficina. No invento nada. Lo descubrió el psicólogo americano Arthur Aron en 1997, y Amnistía Internacional lo popularizó con el experimento *Look Beyond Borders* en 2016, Berlín.

Dos personas desconocidas de características contrapuestas (refugiados de Siria *versus* ciudadanos europeos) se sientan frente a frente mirándose a la cara durante 4 minutos en los que se habla muy poco. La conexión que se produce es conmovedora. Quizá al inicio sienten algo de vergüenza, pero, cuando se rompe el hielo, afloran las emociones más íntimas: ríen, lloran..., algunos se enamoran para toda la vida. Todo en 4 minutos. Uno menos que la canción de Víctor Jara.

¿No tendremos demasiada dirección?

«Quien lleva un reloj sabe qué hora es, quien lleva dos ya duda», dice la Ley de Segal.

La operación bikini puede aplicarse a todos los aspectos de la gestión: definición de objetivos, sistemas de control, reuniones, informes, normativas, documentos, presentaciones, número de candidatos, cartera de productos, programas de desarrollo, países en que operamos...

Nuestras empresas tienen problemas de exceso: exceso de análisis, planificación, discursos, jefes, control; exceso de indicadores, formación, definiciones, informática, protocolos, iniciativas e ideas; exceso de preocupaciones, lecturas, diseño, responsabilidades, prioridades...

Me gusta plantear —en tono humorístico— que las organizaciones deberían proponerse **matar al R.E.I** del liderazgo. Las **R**euniones, los **E**mails y los **I**nformes, que ocupan el espacio central de nuestra actividad laboral.

La operación bikini tiene una especial aplicación **contra la obesidad en las reuniones**. Tener menos reuniones, con menos frecuencia, puntos en el orden del día, duración, asistentes, actas, fotocopias...

Carlos Goñi (CEO de la farmacéutica CINFA) prescribe no tener más de una reunión al día y que no supere las 1,5 horas. En un proyecto de simplificación de reuniones para una de las mayores empresas de España —donde la media de asistentes era superior a 10—, propusimos dejar de convocar a una persona por reunión. El impacto para la agilidad de la organización ha sido enorme. Conseguido esto, nos hemos propuesto abordar los emails, que tenían listas de distribución también de dos dígitos. El objetivo fue dejar de enviar el email a una de las personas que estaban en copia. Nadie los echó en falta... Una preocupación menos y un alivio más.

Algunas estrategias bikini

- **El derecho a no acabar los platos.** Quien quiere agotar el tema acaba agotado y agotando. Esto tiene una aplicación muy directa en las reuniones, los emails y los informes. No es preciso decir todo lo que pensamos, todo lo que sabemos, todo lo que nos gustaría hacer en cada momento. Tenemos derecho a no acabar de ver las series de televisión o abandonar a mitad los libros que estamos leyendo.

  Son muy pocas las cosas que vale la pena acabar hasta el último segundo. Puedo conocer a fondo a un autor leyendo solo su principal novela, o captar la esencia de una propuesta con una única frase.

  Hay que resistir la tentación de tener la última palabra, de hacer la última broma o expresar la última ocurrencia que nos viene a la cabeza. Como ha descubierto Pablo d'Ors: «He descubierto que casi siempre es mejor no hablar».
- **Hacer el duelo, no estar al día.** Aprender a apartarse de los asuntos y de los acontecimientos. Renunciar al control, la información, los *outputs* y las personas; renunciar a estar al día de las últimas iniciativas. Atreverse a adentrarse en el arriesgado mundo del *Let It Go*.

En una práctica de operación bikini en uno de nuestros talleres, la directora comercial de un grupo empresarial (que había sido su fundadora) renunció a estar al día del programa informático básico que había implantado ella misma hacía unos años.

- **Poner topes e ir ligeros de equipaje.** Seguir el «principio de la maleta» que funciona en el Cirque du Soleil. Debido a los continuos traslados, los artistas solo pueden llevarse lo que cabe en una maleta de un tamaño concreto. El resto tienen que dejarlo.

Josep Maria Feliu (director de RH y de Calidad del RACC) utiliza este sistema para organizar su agenda. Cada viernes por la tarde, escoge las carpetas a las que va a dedicar tiempo durante la semana siguiente. Las coloca en una estantería específica. Decide intentar no ocupar su mente con ningún otro asunto aquellos próximos 5 días laborables.

Este mismo procedimiento lo repite a menor escala cada día laboral. Escoge a qué carpetas dedicará su tiempo. De esta forma, logra habitualmente progresar en los temas que se ha propuesto progresar. Y, sobre todo, trabaja con mucha más paz.

- **Poner fechas de caducidad a normativas y procesos**
  ¿Qué elementos de gestión tienes caducados?: informes periódicos, comités, descripciones de puestos, programas de formación... Los procesos de gestión son útiles durante un tiempo. Son herramientas para focalizar la atención de la organización en una determinada dirección. Ayudan a crear hábitos.

  Con el tiempo —no mucho— se convierten en algo más que «hay que hacer», «porque se ha dicho», «porque se ha hecho siempre así». ¡Cuántos informes que nadie lee, WhatsApps que nadie abre, manuales que al recibirlos se «archivan» para cuando se tenga tiempo!

En el Parlamento inglés las leyes tienen un periodo de vigencia, caducan. Si no fuera así, las normativas se eternizarían y proliferarían indefinidamente. Orientarse por ellas resultaría cada vez más confuso y se acabaría por ignorarlas, como tristemente suele suceder en nuestra tradición política continental.

Nunca hagas nada de lo que no estés plenamente convencido

Por regla general, el impacto de una acción depende poco del tiempo que has invertido en ella. La **ley de Pareto** es un principio universal: el 20 % de algo produce el 80 % del efecto. Es muy poco lo que importa en un plan estratégico, en un informe o en una reunión.

Caminar hacia un liderazgo *slow* supone aprender a distinguir lo esencial de lo accidental, ***The Vital Few from the Trivial Many***. Solo así podremos esponjar nuestra agenda y crear holguras para trabajar con plenitud.

El ejercicio de la parrilla, que hemos visto en el capítulo anterior, ayuda a despriorizar TO DO's. A poner en duda actividades que hacemos de forma crónica, por compromiso o por seguir en nuestra zona de confort. Este ejercicio de despriorización debe complementarse con un ejercicio de priorización.

En las lenguas modernas la palabra «prioridad» ha perdido su significado original derivado del latín, como ha estudiado Greg McKeown. Lo prioritario es lo prioritario, y solo puede ser una cosa. La expresión «mis prioridades» (en plural) desnaturaliza la esencia de su significado. En su *best-seller Essencialism: The Disciplined Pursuit of Less,* el autor nos propone el siguiente ejercicio:

a) Tomar la lista de TO DO's y ponderar su importancia del 1 al 10
b) Eliminar de la lista las actividades puntuadas de 1 a 6 (inclusive)
c) Eliminar de la lista las actividades con 7 u 8
d) Quedarse únicamente con las actividades con 9 o 10

El tiempo disponible para alcanzar nuestras metas es escaso. Muy escaso si somos personas con un mínimo de ambiciones. Son infinitas las tareas que se nos pueden ocurrir hacer cada día. Debemos, por tanto, ser muy selectivos para poder alcanzar aquello que de verdad importa.

Cuando ponderes si llevar a cabo una tarea sigue este principio: **Si no es un claro sí, es un claro NO**.

Warren Buffett nos propone la regla del 5/25 para priorizar objetivos vitales.

1. Hacer una lista de 25 cosas que te gustaría conseguir en la vida
2. Reducir la lista a las 5 prioritarias
3. No perseguir ningún otro de los 20 objetivos

Porque son precisamente estas actividades de segunda prioridad las que amenazan sutilmente con robarte el tiempo que tienes para dedicarte en cuerpo y alma a lo que de verdad te importa.

7.
Detox digital

¿Me pongo nervioso cuando no tengo el móvil disponible?

Tu prestigio digital es inversamente proporcional a tu prestigio profesional —a menos que el mundo digital sea tu mundo profesional—. Desconfía del directivo con mucha presencia en las redes sociales. Las personas más significativas en cada rama profesional suelen ser de difícil acceso desde las redes. Se produce un proceso de selección adversa. Cuanto más te interesan a ti, menos interesados estarán ellos en ti. Si te contestan enseguida, mala señal.

Un líder pacífico se reconoce porque hace un uso discreto de las redes sociales. Discreto en el doble sentido de la palabra: no es ostentoso, no alardea de su prestigio en la red, ni compite por obtener el máximo número de seguidores. Y es discreto en un segundo sentido, porque hace un seguimiento discreto (no continuo) de la actualidad. Deja espacios de silencio entre conexión y conexión.

El uso de los dispositivos digitales es decisivo en la verdad del camino del liderazgo *slow*. La propuesta del liderazgo *slow* suele resultar atractiva de entrada, pero apenas progresará si no ponemos límite al acoso de internet. Sin desconexión digital es imposible practicar el espacio Vermeer, ni conectar profundamente con los colaboradores y los clientes.

Nos autoengañamos. En nuestros proyectos de liderazgo *slow* registramos un uso de las redes sociales hasta 10 veces mayor de lo que piensa el interesado. Si consideras que dedicas a Facebook 1 hora a la semana, en realidad, pueden ser 7 horas.

No podemos exagerar el impacto del mundo digital. Por eso le dedicamos el capítulo más largo del libro.

Veamos algunos datos:

- Consultamos el móvil más de 100 veces al día, lo que supone que no tardamos ni 10 minutos en volver a consultarlo. Recordemos que el tiempo mínimo para entrar en estado de concentración es de 12 minutos.
- Más del 40 % de nuestro tiempo laboral lo pasamos delante de una pantalla. No es inusual llegar al 80 % o incluso más.
- El 70 % de los trabajadores mantienen permanentemente *eye contact* con su *smartphone*.
- El correo electrónico supone un 31 % del tiempo total de trabajo en la oficina.
- Las llamadas telefónicas y los mensajes de WhatsApp ocupan otro 50 % de la jornada laboral.

- Pasamos 7 horas diarias conectados al *smartphone*. Algunas personas nunca desconectan (sobre todo los menores de 30 años), incluso dejan el WhatsApp abierto mientras duermen.

NO ATIENDO EL TELÉFONO MIENTRAS TRABAJO

Los que me conocen saben muy bien que no atiendo el teléfono mientras trabajo. Si estoy impartiendo un curso, lógicamente, por una cuestión de respeto hacia mis oyentes. Si estoy haciendo un trabajo suspendido, por razones obvias de seguridad.

Hubo un tiempo, cuando creé la empresa de trabajos en altura, que atendía las llamadas con el móvil colgando de una cuerda, cuando una de las veces, al sacarlo del bolsillo, pasó a mejor vida. Para ser más operativo, pasé a trabajar con un pinganillo. ¡Buf, genial! Problema resuelto.

Montar una empresa, empezando de cero, donde haces de todo (desde peón a gerente) no es fácil, te conviertes en una persona multitarea. Muchos amigos me lo decían constantemente, el teléfono, el cliente..., lo prioritario.

Por lo general, las personas no escuchamos lo que nos están diciendo. Cuando un cliente te llama, su problema es el mayor del mundo (menos mal que no tengo a nadie para operar a corazón abierto). Les estás diciendo que estás colgado de un viaducto, que no estás delante del ordenador, y como el que oye llover..., él continúa con su mantra, «su tema».

Para los que somos muy visuales, dejamos de ver lo que tenemos delante de los ojos y nos trasladamos visualmente a su problema, en mi caso su obra. Y clic, ya estoy en su obra, no en la mía, en la que me traslado telefónica-físicamente. Y, en mi caso, esto puede suponer un grave riesgo de sufrir un accidente.

Pero, aun siendo consciente y prevencionista, lo seguía haciendo. ¡Muy mal, Juan! Hasta que me cambió el chip, y os explicaré el porqué.

Mi pasión es la montaña en el amplio sentido de la palabra. Un día organicé una salida de senderismo con unos matrimonios amigos y no me fui a escalar a roca con mis compis de fatigas. Ese fatídico día uno de ellos, que en paz descanse, se despeñó. Motivo, el móvil.

Os cuento brevemente la historia. Juanjo escalaba con una compañera en el tercer largo de vía, esta le estaba asegurando desde la segunda reunión a unos 60 m del suelo. Juanjo había llegado a la tercera reunión, unos 30 m más arriba. En ese momento le sonó el móvil, era su señora. Estaba en mitad de una maniobra. Después de un rato charlando, se despidió de su cariñín, guardó el móvil y le dijo a su compañera que le descolgara. En cuanto se echó hacia atrás, cayó al vacío.

Había dejado el nudo a medio hacer.

Conclusión, y permitidme la expresión: ¡PUTO MÓVIL!

Pese a los malos augurios de algunos visionarios, que sería la ruina no atender al momento a los clientes, esto no es así. Han aumentado, poco a poco les he acostumbrado y saben esperar y el motivo. Al final lo urgente no lo es tanto, salvo las desgracias.

¿Eres adicto a la tecnología?

1. ¿Te pones nervioso cuando no tienes el móvil disponible?
2. ¿Coges el teléfono cuando estás solo o aburrido?
3. ¿Consultas el móvil en la cama?
4. ¿Has aprovechado el semáforo en rojo para consultar el móvil?

Estas preguntas forman parte de un cuestionario médico. Si has respondido afirmativamente alguna de las cuatro, eres adicto a los *social media*. Pero no te dé vergüenza reconocerlo ya que la mayoría de la población lo es. Y no es extraño que sea así, porque estos medios fueron diseñados expresamente para generar adicción.

Son muchas las enfermedades psicológicas, oftalmológicas y de todo tipo que se están generando. La hiperconectividad nos traslada a un mundo distinto, un mundo ideal que puede acabar siendo más real que el mundo real. Nos jugamos la vida por un átomo de información adicional.

Después de décadas de descensos continuados, el número de accidentes mortales en carretera ha aumentado estrepitosamente. Hace unos años, a nadie se le hubiera ocurrido leer mientras conducía. Hoy en día, mientras conducimos somos capaces de leer letras de pequeño tamaño e, incluso, nos aventuramos a escribir cortos mensajes.

Cuando aprovechamos el semáforo en rojo para consultar el móvil, perdemos el mundo de vista. Una vista que recuperaremos cuando el claxon del coche que va detrás nos avise de que ya está verde. Perdemos la orientación y nos exponemos a sufrir un choque frontal con el vehículo que circula en dirección contraria.

Este «perder el mundo de vista» se da en otros muchos ámbitos y puede llegar a producir catástrofes, como en el caso del conductor gallego que estrelló el tren porque estaba atendiendo a su móvil. El conductor no se dio cuenta de que viajaba a 191 km/h en un tramo en que la velocidad máxima debía ser de 80 km/h. En Estados Unidos cada año mueren 17 personas por hacerse un *selfie* conduciendo. En una ocasión, en que cogí el coche para hacer un viaje de negocios, me olvidé la maleta. Resulta que recibí una llamada mientras estaba cargando el coche. Así que me vi arrojado a la odisea de encontrar una corbata de *big business* en Peralta (Navarra).

Las pantallas nos trasladan a un mundo paralelo, que se convierte en el principal, como atestiguamos los padres de hijos modernos. El niño se levanta, desayuna, camina, entra y sale de casa, siempre conectado al exterior, con auriculares o sin ellos. Está en otro mundo, del que puntualmente se digna a salir para saludar a su progenitor, si se lo cruza por el pasillo camino a su habitación, donde le espera otra pantalla.

El novelista Iain Sinclair explica este fenómeno constatando el ocaso de su ciudad: «Lo que me pone más nervioso de la tecnología es la gente que veo por las mañanas en Londres. De hecho, no están en Londres. Están en internet, haciendo tuits o enlazando mensajes. Estamos reprogramando nuestros cerebros para formar parte de esta existencia en digital».

¿En qué mundo vives tú? ¿Qué es lo primero que haces al empezar y al acabar el día: mirar el móvil o dar un beso a tu pareja? ¿Pensar en tu Dios o revisar el WhatsApp?

Los teléfonos dinamitan los espacios Vermeer: No estamos en lo que estamos

No estamos en lo que estamos, ni en los momentos más sublimes. A Carl Honoré, el gran divulgador del movimiento *slow*, le gusta empezar sus charlas con una anécdota de cama. El marido se esmera en hacer el amor a su mujer. La mira, y se da cuenta de que ella está consultando su Iphone.

Los dispositivos móviles se han convertido en el perfecto aliado de la patología de la dispersión. Vamos en tren, pero mirando una película distinta de la que echan; estamos con los hermanos en casa, pero hablando con los amigos por WhatsApp; o quizá cenamos con los amigos, pero nos da ahora por hablar con nuestros hermanos que están en casa... Asistimos a un concierto, y nos ponemos a ver videos de otro concierto; en una celebración litúrgica comunitaria, pero aprovechamos para dialogar con otra comunidad.

En la universidad se produce continuamente esta dislocación. El profesor entra en clase y tiene la sensación de que nadie atiende a sus explicaciones. Y acierta. Sus palabras son un ingrediente más de un conjunto de *inputs* que compiten por la atención del alumno: lo que entra por el móvil (Twitter, WhatsApp...), lo que entra por ordenador (YouTube, email...), lo que traen escrito, y lo que le dice el compañero. En último lugar, muy en último lugar, entra lo que está tratando de decirnos el profesor.

Para hacer frente al tsunami de desatención universitaria, un colega proponía dejar la tarima de clase vacía, y emitir la sesión desde un plató. Así los alumnos podrían seguir la clase desde su pantalla. En ausencia, quizá recuperaríamos el protagonismo perdido en presencia. En estas semanas en que he estado corrigiendo este manuscrito, se ha incorporado a nuestras vidas el covid-19. Y parece que la *boutade* de mi colega se ha hecho realidad.

Este mundo en paralelo no se da solo en los estudios superiores en España. Cualquier otra formación, cualquier otro encuentro empresarial se ve igualmente afectado. La presencia continua de las pantallas dinamita los entornos de gestión. Asistimos a una reunión, pero aprovechamos para solucionar por email un asunto distinto. Estamos atendiendo a un empleado presencialmente, pero sin dejar de leer los mensajes que nos llegan de otros empleados. ¿En qué reunión estamos realmente?, ¿qué temas gestionamos?, ¿con quién estamos en cada momento?

En un proyecto reciente sobre «Foco y Simplificación» para una de las empresas más grandes de España, revisamos cómo ganar intensidad y eficacia en las reuniones de personal. El 43 % tenían más de 10 asistentes y duraban más de una hora. Al preguntar sobre cómo les había afectado el teletrabajo, un directivo respondió: «Me han ayudado mucho las reuniones *online*. Ahora, mientras estoy en la reunión, puedo dedicarme a hacer otra cosa».

La interferencia digital destruye los espacios Vermeer de trabajo profundo. No hay foco, concentración, ni intensidad. De la plena presencia pasamos a la plena ausencia. ¿Te imaginas que la encajera de bolillos atendiera el WhatsApp mientras trabajara? Si antes la veíamos concentrada y absorbida por su tarea, ahora la veríamos dispersa. ¿Cómo quedarán los encajes que realiza si continuamente los interrumpe? No es casual que el libro de Cal Newport, posterior al de *Deep Work,* se titule *A World Without Email* (*Un mundo sin email*).

Como vaticinó Nicholas Carr (2019), internet está haciendo que nuestras mentes sean superficiales. Apenas estamos en lo que estamos. Todo se vive por encima. Al contacto electrónico le falta fondo, tanto de contenido como de emoción. Tiene poca raíz. No crea vínculo.

No se puede amar al prójimo si se tiene el móvil demasiado próximo

Las redes sociales dinamitan el trabajo directivo en lo que tiene de más nuclear: la visión de conjunto, la toma de decisiones conscientes, la acción de síntesis. Y daña especialmente la esencia del dirigir: la conexión con los demás.

«No se puede amar al prójimo si tenemos el móvil demasiado próximo», decía uno de mis mantras, en un intento de revancha personal contra las situaciones que vivo en casa. Como afirma Abraham Moles, **la conexión digital nos acerca lo más lejano, pero nos aleja de lo más cercano**. Nos centra en quien no nos importa, y nos descentra de aquello que más nos debería importar.

Hace poco recibí un meme muy gráfico. Mostraba un marido orgulloso consultando su móvil: «Me siguen ya 5.000 personas». Mientras su mujer, a la que daba la espalda, intentaba que le hiciera caso. O aquel otro meme que decía: «Anoche se rompió la tele, y estuve hablando con mi mujer. He descubierto que es muy simpática».

La sobreexposición a las redes es una patología psicológica, causada por emociones tóxicas. La ensayista americana Christina Crook abrió los ojos al ver a un sacerdote bendiciendo las Blackberries. Y como contraposición al **FOMO** (the **F**ear **O**f **M**issing **O**ut) propone practicar el **JOMO** (the **J**oy **O**f **M**issing **O**ut), en el que podremos dedicarnos a lo que nos interesa y nos llena.

Crook plantea desconectarnos durante 30 días para descubrir la paz, la actividad tranquila, y sobre todo, la conversación cara a cara. «La mente informa, pero son las relaciones personales lo que conforma y transforma».

Son las relaciones personales directas las que despiertan

emociones y crean relaciones. El mero intercambio de información no crea relación. Un padre de familia numerosa con adolescentes, perplejo, escribía el 12 de diciembre de 2015: «Wazzaps [sic] nunca ha existido un arma de destrucción más masiva. Se interpone entre padres e hijos, entre profesores y alumnos, y entre la intimidad de los esposos. Poco puede quedar de la sociedad. No es extraño que sea ya la primera causa de muerte al volante, de consulta psiquiátrica y de fracaso escolar».

¿Manifestamos a nuestros empleados que nos interesa su trabajo y sus ideas de forma visible? Cuando les atendemos ¿apagamos el móvil y los miramos a la cara?

Como afirma el filósofo coreano Byung-Chul Han, «se ha formado una nueva masa, "el enjambre digital", una masa de individuos aislados, sin alma, sin acción colectiva, sin sentido y sin expresión». El mundo digital crea una comunidad de *zombies*. Un espacio de «comunicación» de solitarios.

No me resisto aquí a volver al filósofo suizo Alain de Botton: «El amor es la falta de deseo de mirar al móvil en presencia del ser amado».

¿Qué es lo primero y lo último que miramos al empezar el día: el teléfono móvil o la persona amada?

Beneficios del *detox* digital, contado por sus protagonistas

1. Sacar tiempo de donde no lo había

«**El principal beneficio ha sido el tiempo**: esos minutos que se van como agua en las RR. SS., quedan desocupados para atender de mejor manera los asuntos pendientes y las actividades cotidianas». «Me he dado cuenta de que durante las mañanas y noches en casa **me queda tiempo libre para hacer cosas de valor agregado** para mí (leer, practicar ejercicio, hacer quehaceres domésticos, cocinar)». «Mi plan es dejar de usar las redes sociales (FB y IG) en el horario de las comidas para ocupar mi tiempo **aprendiendo algo nuevo. Para lograrlo descargué un libro** en mi móvil».

2. Más foco y productividad

«En el trabajo me he sentido **más productivo**, ya que la distracción del teléfono y el correo ha disminuido y he invertido menos tiempo en actividades chatarra e ingerir información "basura" que no me aportan en lo personal y profesional». «De pronto, el ánimo es más creativo: en lugar de "consumir" todo el día (noticias, chismes, consultas...), **queda espacio mental para las ocurrencias propias**: la solución a algún problema atorado hacía tiempo..., incluso aumenta la capacidad de apreciar lo que sucede alrededor:

contemplar el paisaje por la ventana en lugar de estar "pastando" noticias del FB...».

3. Paz interior, menor ansiedad

La capacidad de concentración se incrementa al dejar de pensar en los mensajes que pueden llegar, lo cual genera un trabajo más eficiente.

«Me causa "ansiedad" comprobar constantemente si me llega o no algún mensaje pidiéndome algo importante. **Me he dado cuenta de que si es algo muy importante me lo harán saber de alguna forma si es que no me encuentran por mensaje**».

4. Mejora la relación con lo que amas, más conexión

«Empatizas con las personas de otras generaciones que no están tan acostumbradas al móvil, o de menos edad pero que no tienen acceso a la tecnología, que quedan excluidas de un mundo que en realidad es una mera ilusión». «Al evitar tener cerca mi móvil en las comidas, he podido interactuar más con mi familia, conversando más sobre lo que nos acontece, **riendo y disfrutando de pasar un momento en familia**».

«Me di a la tarea de pasar el tiempo conmigo mismo».

5. Más control de la agenda, la atención y la actividad

«No atender las llamadas cuando caprichosamente suceden, sino cuando me va bien a mí, contestando solo las que me interesan».

«Revisé FB solo en las noches durante unos minutos. He echado un vistazo a las notificaciones que de verdad me importan, atendiendo únicamente a las de amigos y familiares. Si me paso más ratos con la aplicación suelo perder tiempo viendo publicaciones y videos que no me benefician en nada».

6. Mayor interés cuando te conectas

Al consultar el móvil de forma esporádica, con intervalos de silencio largos, lograrás tener siempre un contenido significativo cuando te conectes.

Elementos de un plan de *detox*

1. Ayunos y silencio digital
2. Consultar de forma discreta
3. Mínima conexión necesaria: ¿sin datos?
4. Evitar WhatsApp (preferible email, llamada mejor)
5. Escoger RR. SS.
6. Teléfono físicamente lejos
7. No felicitar aniversarios

8.
Parar, irse de retiro: «*When you feel the need to speed up, slow down*»

La primera herramienta para cambiar tu estilo de gestión, para emprender el camino del liderazgo *slow* es parar, irse de retiro. Para ser ágil en puestos de responsabilidad conviene estar lúcidos, frescos y serenos. Más frescos y serenos, cuanto más importantes sean los retos a los que nos enfrentamos.

«*When you feel the need to speed up, slow down*», cuando sientas la necesidad de acelerar, detente... o te comerá el tiburón, aconseja la buceadora hawaiana Kimi Werner. Una táctica que la ha llevado a aguantar más de 4 minutos, 40 segundos de inmersión en apnea libre, calmar a los tiburones e incluso bailar con ellos.

En sus entrenamientos a mar abierto podía encontrarse con situaciones críticas como fallos en el equipamiento, corrientes marinas, animales, incluso tiburones. Ante estos sobresaltos la reacción natural es estresarse, acelerar y tratar de salir nadando —como aparece en la primera escena de la conocida película *Tiburón*, que ya sabemos cómo acaba—.

Cuando las cosas van mal, acelerar es la peor estrategia, se pierde la orientación y se consume más oxígeno. Para salir de un peligro conviene mantener la calma y actuar con inteligencia. Si te tranquilizas, el tiburón también se tranquilizará, y podrás empezar a relacionarte con él. La agresividad de los animales proviene del miedo que nos tienen a los humanos.

«Slow Down for Yellow Lights» es un lema de Franklin Covey. Solo los imprudentes aceleran cuando el semáforo está en ámbar. En una sociedad histérica, la reacción ante cualquier problema es aumentar la presión, esprintar, insistir, subir el tono de voz. Queremos lograr las cosas a un ritmo acelerado, ya sea la expansión internacional del negocio o perder peso.

«Lo urgente puede esperar, lo muy urgente debe esperar», recomendaba un dirigente de una organización internacional cuando en sus visitas por las distintas regiones encontraba personas desquiciadas.

Detenerse es una condición indispensable para recuperar la sensatez, para saber dónde estamos y por dónde nos desangramos. Hay que parar para que el ritmo lento del alma pueda alcanzar al ritmo frenético de los zapatos.

La necesidad de irse de retiro

Resulta urgente emprender una cruzada por el silencio, como entorno necesario para trabajar, estudiar, aprender, concentrarse, conectar y contemplar. Para reponer fuerzas, poder ver el cuadro completo, ingeniar soluciones alternativas. Para aprender un oficio. Para encontrar la calma y recuperar el alma.

Buscar lugares de tranquilidad y defenderlos a capa y espada, levantar unos muros de contención. Las personas sabias del mundo de los negocios planifican un retiro anual, y luego tienen sus cuarteles de invierno a los que se retiran cuando lo necesitan. Álex Rovira combina meses de gran actividad con meses de reposo más reflexivos. También lo hace Bill Gates.

A menudo me ha inspirado la figura de Barack Obama, que como presidente de Estados Unidos tenía tiempo para ir al gimnasio en medio de su monumental carga de responsabilidades. Pero lo supera el emperador Adriano, que ocupó un puesto de mayor responsabilidad, ¡ese sí era un imperio! Desde su tienda de general en el frente de guerra de Germania, escribía en una carta con una fuerza y profundidad que el paso de los años no logra aminorar:

El soberano, cuando su estado es conforme a la naturaleza, busca para sí retiros: campos, playas o montañas. Tú también solías añorar mucho algo así. Eso está bien. Pero es propio igualmente de un profano en filosofía.

Piensa que también **te es posible retirarte en ti mismo a la hora que quieras. Porque a ningún lugar más tranquilo ni exento de problemas se retira un hombre que a su propia alma.**

Entonces, concédete siempre este retiro y renuévate a ti mismo. Halla cosas simples y elementales que, si encuentras de inmediato, bastarán para disipar todo dolor y hacerte regresar sin disgusto con aquello a lo que vuelves.

Convendrá recuperar esa costumbre, que nos enseñaron en los colegios de formación católica de inspiración ignaciana, los cursos de retiro. Ignacio de Loyola, desde la cueva de Manresa, planteó retirarse a hacer ejercicios espirituales durante un mes, antes de entrar en el sacerdocio o para discernir decisiones importantes de la vida.

Cuanto más urgente e importante se plantee un problema, más necesario será pararse para valorarlo. El primer ministro italiano Romano Prodi se retiraba fines de semana al campo para afrontar problemas políticos de envergadura. Y Johan Cruyff, durante su etapa como entrenador del FC Barcelona, instauró para los jugadores unos días de retiro antes de cada gran partido en los bosques de la urbanización de El Montanyà.

Nos hemos ido al campo, al mar o a la montaña, para detener el ritmo galopante de nuestras actividades. Necesitamos respirar —nos decimos—, tomarnos el pulso, desconectar del ritmo ordinario y reconectar con lo esencial. Estábamos empezando a olvidar que teníamos un corazón y un propósito por el que vivir, un horizonte.

El retiro es la necesidad fundamental del hombre contemporáneo. El retiro es el primer paso de toda vida espiritual, tras el que siguen todos los demás. Es preciso apartarse y tomar distancia para ver desde lejos y darnos cuenta de las muchas tonterías con las que nos hemos ido dejando enredar. Sin distancia, la proximidad es casi siempre agobiante y opresiva.

PABLO D'ORS
Biografía de la luz (2021)

¿Qué momentos tranquilos tienes para ti a lo largo de un día, de una semana, de un mes o un año? ¿Cuidas tus momentos de silencio contigo mismo para después poder tener un mayor impacto en los demás?

Paradójicamente, para desplegar una sólida actividad exterior es preciso cultivar previamente un rico espacio interior. «El arte de estar juntos implica —lo queramos o no— una cierta armonía entre distancia y proximidad», concluye Pablo d'Ors.

«Una parada lúcida es el paso previo a una acción lúcida. Esta parada marca la diferencia entre una reacción automática y una respuesta correcta. Una parada compasiva da paso a una acción compasiva», Juancho Calvo en *La importancia de parar*.

Las personas más interesantes que conozco dedican un rato diario a meditar. Para llevar una vida espiritual debes meditar un mínimo de 20 minutos diarios, opina Pablo d'Ors. Y hay bastante unanimidad en esta duración entre expertos como Jon Kabat-Zinn.

Parones en tu día a día / Herramientas para el *mindfulness* laboral

Actualmente disponemos de una amplia oferta de retiros y propuestas de pacificación, de todas las inspiraciones y duraciones: budistas, hinduistas, cristianos, taoístas; retiros de yoga, *mindfulness*, naturaleza, dietéticos, carismáticos, tantra, chakras, baile o tiro con arco; en una isla, la ciudad, un bosque, caminando o en una barca. Yo los recomiendo (casi) todos y practico los que puedo, cuando puedo: un par de retiros al año seguro que caen.

Paramahansa Yogananda, en su apasionante obra *La paz interior: El arte de ser calmadamente activo y activamente calmado,* nos propone vivir el **Sabath**:

Todo el mundo necesita recluirse un día a la semana en el hospital espiritual para curar sus heridas mentales. No observes el domingo como un deber forzoso; disfruta de él. Así se convertirá en un día de paz, gozo y contentamiento y esperarás con interés su llegada». Y continúa: «Los santos de la India aconsejan no solo un día a la semana de retiro, sino que también destacan la necesidad de recogerse a diario durante **cuatro periodos** determinados. Temprano por la mañana, antes de ver a nadie, permanece en calma, disfrutando de la paz. Al mediodía, antes de iniciar tu almuerzo, guarda silencio durante unos minutos, y al atardecer, antes de la cena, dispón de otro periodo de quietud. Por último, antes de acostarte, disfruta del silencio una vez».

A continuación, apunto algunas prácticas diversas de parón y silencio para el día a día laboral. Puedes inventar las tuyas.

- El **Ángelus**: parón en medio del trabajo para respirar y centrarse. Conocido también como **KitKat**.
- Definir en la agenda semanal **periodos valle** (dos medias jornadas o una hora al día).
- Cuando te bloqueas, levántate y **sal del despacho**, sin teléfono móvil.
- Fin de semana de **retiro con el equipo**. Si se resisten, convócalo de mayor duración.
- Declararse en **periodo sabático** (días, semanas, meses).
- **Santiguarse**: un segundo de silencio e intención ante un reto inminente.
- **Pasear por las calles sin rumbo**, para encontrar el camino.
- Tomarte un fin de semana largo, por sorpresa.
- Celebrar una comida (mejor de mediodía) sin hora de finalización.
- Crearte un espacio para **reflexionar sobre ti mismo**: proceso de *coaching*, cualquier terapia, curso de formación...
- Estar en capilla.

Este último punto no consiste en permanecer en un lugar religioso orando o esperando que un sacerdote oficie misa. Es estar en una situación de espera previa a alguna prueba definitoria, con los nervios que eso conlleva. O sea que cuando alguien está en capilla, si reza, es para pedir ayuda para afrontar lo que viene.

La expresión indica hallarse en espera de realizar una prueba o conocer un resultado de un tribunal. También se empleaba para referirse a los condenados a muerte para indicar el tiempo transcurrido desde el que se le comunicaba la sentencia hasta la ejecución, especialmente la noche antes del final.

Parte III.
El arma secreta del líder pacífico: Unomismo

9.
¿Por qué Obama tiene tiempo para ir al gimnasio y nosotros no?

El estrés del jefe pone en riesgo a la organización. Muchos directivos se entregan tanto a la causa que se estresan, por lo que se deteriora su liderazgo. Si antes eran amables y escuchaban a sus colaboradores, ahora son adustos y se muestran incapaces de atender a los demás. Se vuelven irritables. Entran en visión de túnel, donde todo se ve negro y el futuro es una luz lejana y diminuta. Pierden la esperanza.

Quedan atrapados en el **síndrome del sacrificio**. Una versión frecuente del **hacer mal el bien**, que acaba convirtiéndose en **hacer bien el mal**. El directivo se considera una víctima de las circunstancias y se ve rodeado de enemigos. Cree que sus quejas están más que justificadas, porque todos sus desvelos son para que todo salga bien, todo para los demás. Él se sacrifica para pagar los sueldos, vender, para que todos puedan llegar a fin de mes... Paradójicamente, **entregándose al servicio de los demás se vuelve insoportable para esas mismas personas a las que se supone que está sirviendo**.

La sobredosis de esfuerzo hace que el buen directivo se transforme lisa y llanamente en alguien que dirige mal. Pierde autoridad y los colaboradores se distancian de él. Cae en la caricatura del todo por la gente, pero sin la gente. Peor aún: todo por los empleados, pero en contra de los empleados.

Al poco tiempo de que Barack Obama fuera nombrado presidente de Estados Unidos, se difundieron unas fotos donde aparecía saliendo del gimnasio con un chándal gris. Al parecer, Obama dedica cada día al menos media hora al ejercicio físico. En un periódico local se abrió un debate: ¿Cómo es posible que Obama (la persona del planeta con mayor responsabilidad) tenga tiempo para ir al gimnasio, mientras que nosotros, a poco que tengamos que presentar un simple informe, pasamos la semana sin hacer deporte, sin dormir, ni salir con los amigos?

No entenderemos el problema hasta que demos la vuelta al argumento. La cuestión no es que Obama, además de todas sus ocupaciones, se imponga la obligación de hacer deporte, sino que practicar deporte es el recurso que necesita para hacer frente al resto de las obligaciones.

Creo que en España no se entiende bien la ecuación del estrés. Quizá por eso tenemos el dudoso honor de estar arriba en los *rankings* de países con una población más estresada.

El estrés puede conceptualizarse como una balanza, que en un platillo tiene las exigencias (demandas, TO DO'S) y en el otro platillo los recursos de que disponemos para hacer frente a esas exigencias.

El nivel de estrés será el resultado de la fórmula:

ESTRÉS = EXIGENCIAS – RECURSOS DE AFRONTAMIENTO

Para disminuir el nivel de estrés existen dos estrategias básicas: reducir el nivel de exigencias o aumentar los recursos de afrontamiento.

Practicar deporte, dormir bien y estar con los amigos son tres de los recursos más importantes para hacer frente a nuestras responsabilidades. El síndrome del sacrificio nace de una ingenua concepción de las exigencias o por una pretenciosa concepción de nuestras capacidades.

El directivo asfixiado entra en un proceso de espiral destructiva. No alcanza a atender a sus exigencias, y para remediarlo, prescinde —nada más y nada menos— que de los recursos de que dispone para hacer frente a sus exigencias: reduce las horas de sueño, hace menos deporte, se aísla y deja de ver a sus amigos.

Dejarse atrapar por el estrés es una manifestación sutil, pero rotunda, de orgullo. El eneagrama lo explica, entre otros lugares, en la personalidad tipo 2: el Ayudador. Una personalidad que necesita afirmarse haciendo muchas cosas para los demás. No se mide, y llega un momento que se quema. Entonces, se vuelve contra los demás, reprochándoles que no le devuelvan el cariño que cree merecer, por lo mucho que les ayuda, aunque nunca preguntó si querían esa ayuda.

Espero que haya quedado claro que hay que cuidarse, que somos responsables de nuestro nivel de estrés. Descansar es nuestra primera obligación, como queda demostrado en trabajos como *Rest: Why You Get More Done When You Work Less* de Alex Soojung-Kim Pang (2016) o *Aprende a descansar* de la española Jana Fernández (Plataforma Editorial, 2023).

Tenemos la obligación de encontrar un ritmo de trabajo pacífico, sensato. La estrategia contraria (intentar hacer todas las cosas y perfectas) conduce a una patología personal y organizativa. Nos lleva al círculo vicioso de la ansiedad, a un estrés que se alimenta a sí mismo y nos separa de los demás.

Como le sucede a la ejecutiva parisina que toma un taxi para ir al gimnasio. No puede ir despacio al gimnasio, caminando o haciendo *running*. Necesita ir rápido porque va muy estresada por todo lo que tiene que hacer. Y tiene que hacer muchas cosas, ir deprisa. Tiene que ganar tiempo para poder pagar cosas tan caras como ir en taxi e ir al gimnasio. ¿No podría desacelerar? ¿Llevar un ritmo más *slow* que incluso le permitiera prescindir del taxi y del gimnasio? ¿No podría ir caminando al trabajo?

Siempre estaremos estresados si seguimos la divisa del «no dejes para mañana lo que puedas hacer hoy». Conviene dar la vuelta al refrán, transformándolo en «no dejes para mañana lo que puedas disfrutar hoy».

No pierdas nunca de vista que los principales recursos de que dispones para renovar tu energía directiva, y para hacer frente a tus múltiples responsabilidades, son: dormir bien, comer bien, practicar ejercicio, estar con los amigos y dedicar cada día un tiempo a meditar.

Jana Fernández, partiendo de estudios médicos, y de su particular mala experiencia al respecto, propone **cuidar las 3D: deporte, dieta y dormir**. «El sueño es fundamental para la vida, igual que lo es respirar, igual que lo es comer, beber». Y sigue: «Hubo un momento de mi vida que yo hacía tantas cosas que decidí que no necesitaba dormir, que podía restarle horas al sueño. Y eso se convirtió en problemas serios de salud».

Hay que bajar el ritmo. **No podemos seguir yendo al** *sprint*, como dicta el modelo hiperactivo dominante. Este modelo perfeccionista que todo lo hace a tope no es bueno ni sostenible. Es una aproximación adolescente al liderazgo, de corto alcance, válida solo para un corto periodo de tiempo. Más pronto que tarde conduce a que se «rompan» hasta los mejores líderes. Muchas veces físicamente, pero sobre todo emocional y mentalmente.

Es preciso volver a la idea de **velocidad de crucero** y al **principio de la sostenibilidad**: el ritmo cómodo que nos permite respirar, que hace que no perdamos la perspectiva, que nos facilita valorar lo que tenemos, que propicia descubrir el talento cercano y desarrollarlo. Hay que adoptar un ritmo de trabajo con momentos pico, pero también con **momentos valle**.

El criterio es el siguiente: al hacer las cosas, no debemos deteriorar la capacidad de seguir haciéndolas; que al exigir al equipo, no dañemos la relación con él; que al obtener beneficios, no dañemos los activos que los generan.

La máxima competencia no es la competencia máxima, sino una forma gravísima de incompetencia. Es una filosofía equivocada que va dejando en la cuneta héroes, que mueren jóvenes, que van aprisa, que viven a tope, que dejan un bonito cadáver.

10.
¿De qué le sirve a Nixon ganar todo el mundo si pierde su alma?

Con esta frase evangélica empieza el biopic *Nixon*. Un personaje que, habiendo alcanzado la cima, se verá obligado a dimitir por corrupción, por espiar a sus rivales. Aunque ha habido otros tres presidentes con procesos acusatorios de *impeachment* (Johnson, Clinton y Trump), Nixon es el único que finalmente se vio obligado a dimitir. Lo tenía todo desde el punto de vista exterior, pero le vencieron sus demonios interiores: miedos, inseguridades, afán de control.

¡Cuántas veces vemos esta combinación de grandeza exterior con miseria interior! Pienso en Dominique Strauss-Kahn o en Amy Winehouse, por citar solo dos ejemplos. Pero la lista es infinita y todos podríamos seguirla.

Queremos tener un liderazgo positivo, comprensivo y acogedor; caer bien a nuestros clientes y trabajadores; crear un equipo ganador y realizar grandes contribuciones. Pero nada de eso conseguiremos si no nos cuidamos, si no ponemos a raya nuestro carácter. Como dice Toni Nadal: «Es muy difícil dominar la pelota si no eres capaz de dominar tu voluntad».

Me gusta acabar mis cursos de liderazgo con este texto de Gandhi, recordando que la principal herramienta del trabajo directivo es uno mismo. Y que para ser buen directivo resulta indispensable transformar las propias actitudes, ideas y sentimientos:

> Cuida tus Pensamientos...
> porque se volverán Palabras.
> Cuida tus Palabras...
> porque se volverán Actos.
> Cuida tus Actos...
> porque se harán Costumbre.
> Cuida tus Costumbres...
> porque forjarán tu Carácter.
> Cuida tu Carácter...
> porque formará tu Destino,
> y tu Destino será tu Vida.

He tenido éxito en la vida, ahora intento que mi vida sea un éxito

«He tenido éxito en la vida, ahora intento que mi vida sea un éxito», decía Marilyn. Fred Kofman, en su imponente tratado *Metamanagement*, introduce el concepto de paz de una forma poderosa. El resultado de cualquier acción directiva debe medirse por un doble rasero: el **criterio del éxito** y el **criterio de la paz**.

El **éxito** mide la acción desde el punto de vista del resultado exterior: me propongo un determinado nivel de ventas y lo consigo. Me propongo lograr beneficios en las operaciones en Eslovenia y los obtengo. Mi marca es la más reputada en el congreso regional de pastas dentífricas...

Sin embargo, este éxito exterior puede ir acompañado, o no, de una sensación interior de éxito. **La paz sería el termómetro que detecta ese éxito interior.**

Podemos haber alcanzado lo que nos propusimos, ser números 1 en ventas, pero quedarnos con mal sabor de boca por haber sacrificado en ello la salud, la confianza de algún colaborador, de un cliente, de la familia, o haber dejado de lado nuestros principios.

El éxito exterior depende de factores medibles objetivamente, pero la sensación de éxito interior tiene que ver con la coherencia y la integridad, con cómo soy y cómo quiero ser. Esta paz interior puede lograrse, a pesar de no tener éxito exterior.

Podemos lograr éxito exterior y paz interior. ¡Genial! También se puede tener éxito exterior sin paz interior, lo más habitual en nuestro mundo atolondrado. Preocupante. Asimismo, podemos fracasar exteriormente y triunfar interiormente. Por último, se puede fracasar tanto en lo exterior como en lo interior. Una situación lamentable, pero que puede forzarnos a poner en marcha los cambios que necesitamos.

Así lo negativo puede convertirse en algo positivo. De un personaje mediático —pero todavía lúcido— escuché la idea de que de un fracaso puedes recuperarte, pero del éxito uno no se recupera jamás.

Paradoja: La paz (exterior) como consecuencia de la guerra (interior)

La vida del líder pacífico no es la del yogui que se retira al monte para vivir en armonía con la naturaleza. Respeto y admiro estas propuestas, pero la mayoría de nosotros debemos aprender a vivir en paz en un entorno de lucha; con una intensa acción exterior (niños en casa, facturas en el buzón, rodeados de colaboradores incompetentes...).

El camino pacífico que proponemos no coincide con las arengas de buscar la autenticidad de tu propio proyecto laboral y vital. Como dice el humorista Tia Lara: «Estamos en una sociedad donde hay más soñadores que sueños disponibles».

No se trata tanto de reflexionar sobre cómo sacar mayor partido a nuestros dones únicos y específicos. Esto es importante en la medida en que se pueda hacer. Yo, con siete hijos en casa todavía, no puedo plantearme un ideal de paz, ignorando este pequeño detalle. Se debe luchar por la paz en el contexto de la guerra diaria, que no podemos evitar.

Paz no significa dejar de luchar, sino estar donde se debe estar y luchar como se debe luchar. El concepto de tranquilidad nos devuelve así al concepto de orden y de responsabilidad. Entronca con la esencia de qué es gestionar.

La paz interior no es solo un estado de bienestar apetecible por sí mismo, sino también una condición necesaria para el feliz acabamiento de las actividades, especialmente de las que tienen un carácter más espiritual. La paz es necesaria para el trabajo directivo, científico y creador, para el estudio y la contemplación de la verdad.

La paz interior es necesaria para acometer con éxito —también con éxito exterior— las actividades de gestión a las que nos dedicamos. Es sobre todo necesaria en tareas de coordinación, imprescindible para tomar decisiones sensatas o empatizar con los colaboradores. Y es justo en estas situaciones donde menos solemos encontrarla.

Existe una mutua dependencia entre la paz interior y la exterior. La armonía exterior es condición para la interior. Aunque podamos distinguir entre la paz interior del combatiente y su combate exterior, no cabe duda de que la guerra real dificulta la paz interior de quien se ve obligado a participar en ella. Solo las personas excepcionales son capaces de permanecer en la guerra con una actitud pacífica.

Por otro lado, la paz interna del individuo es una condición necesaria para la verdadera paz social entre los miembros del grupo. **Si un directivo no está en paz consigo mismo, difícilmente logrará crear entornos de paz.** Si quien dirige no controla su ira, su impaciencia, su envidia, su vanidad, si no controla sus heridas interiores, su tarea como pacificador saltará pronto por los aires.

Paradójicamente, la paz interior no se logra sino manteniendo una intensa lucha interior. Esta idea de **luchar por**

la paz y de la paz en la lucha son conceptos popularizados desde el pensamiento oriental. El atleta olímpico Dan Millman explica su experiencia de superación y pacificación interior tras quedar paralizado a causa de un accidente en su libro *El guerrero pacífico* (también se ha rodado una película).

La lucha interior empieza cuando, ante las dificultades de la vida, no pretendes cambiar a los demás sino cambiarte a ti mismo. Cuando descubres que el problema **no es lo que te pasa, sino lo que piensas, lo que haces y lo que sientes con aquello que te pasa.**

Las artes marciales han sido utilizadas como recurso de esta lucha interior por lograr el control y la paz. El aikido es especialmente adecuado por ser un arte marcial de carácter defensivo. Recomendamos la propuesta de Richard Strozzi Heckler con su *The Leadership Dojo* (2007). Y los libros más recientes *The Cutting Edge: El arte marcial en los negocios* (2019), del holandés Bjorn Aris, y *Aikido y liderazgo empresarial* (2019), de César Fernández y Jordi Serra, publicado por Libros de Cabecera.

11.
Trabájate el cuerpo: Si te duele el estómago, tienes una conversación pendiente

«Cada vez que tengo dolor de estómago, sé que tengo una conversación pendiente», afirma el sabio oriental Pesoj Teusam. Suele decirse que el cuerpo es el espejo del alma. Pero hay mucho más.

El año pasado hice un curso de **liderazgo somático**. La idea es que las capacidades directivas no son reales hasta que las *in-corporamos* como hábitos: «knowledge is only a rumour until it's in the muscle». «**Somos lo que practicamos, y estamos siempre practicando**» es el principal lema del programa, basado en el concepto aristotélico de hábito como repetición de actos.

¡Cuántas veces volvemos de una formación que transmite ideas atractivas, sobre escucha, por ejemplo, pero que solo se queda en buenas intenciones! Somos incapaces de trasladar los buenos consejos a la acción, de encarnar esas ideas. Tan es así, que podemos volver a escuchar la misma charla poco después, con idéntica satisfacción e idéntico efecto, porque estamos exactamente donde estábamos antes de la charla.

In-corporar la escucha en nuestra tarea directiva significa que tenemos que adoptar gestos, miradas y posturas corporales que expresen y construyan esta escucha que deseamos encarnar.

Durante el programa del Strozzi Institute —la escuela somática en que me formé—, realizamos lecturas somáticas de los participantes: qué expresamos con cada gesto. Analizábamos especialmente el porte que mostramos al caminar (la posición de los hombros y el cuello, la postura de los brazos, la cadencia de los pasos...).

Una aplicación inmediata de la metodología es aprender a leer rasgos psicológicos, como la tensión, la prepotencia o la baja autoestima en nuestra postura corporal natural. Si los hombros están caídos, si la mandíbula está prieta...

Aunque no seamos conscientes, a menudo mostramos con el cuerpo aceleración o falta de paz. Vamos *sobre-extendidos* (*overextended*). Adoptamos posturas forzadas, que no corresponden con el eje vertical de un cuerpo en reposo; posturas poco estables. Trabajamos psíquica y fisiológicamente descentrados.

La disposición corporal transmite una impresión general inicial de acogida o rechazo, de paz o de lucha. **La serenidad del líder se debe manifestar en una postura centrada, equilibrada.**

Una postura descentrada expresa un estado interior descentrado. Pero no solo lo expresa, sino que también crea ese mismo estado que expresa. Sonreír manifiesta la alegría interior, pero a la vez genera esa misma alegría que expresa. Las terapias de la risa se basan en esta estrategia. Por eso, una postura forzada dificulta la recuperación del centro personal y del sentido de la dignidad y la autoestima.

Si nos analizamos con sinceridad, como mirándonos desde fuera, descubriremos que ponemos los pies en una dirección distinta a la del torso. Con esta posición de los pies, transmitimos la idea de estar yendo hacia otro lugar. Podemos descubrirnos también con los brazos en una postura poco acogedora, tensa. Cuántas veces recibimos a alguien de pie, apoyados en una silla, como para dar a entender que el encuentro debe durar poco.

La mayoría de los directivos hacen saber a sus interlocutores con su cuerpo que están sobrepasados, que no alcanzan a atender todas sus responsabilidades y que, por tanto, no les van a escuchar sosegadamente.

Con una postura descentrada, **dejamos de estar plenamente en el lugar en el que estamos, dejamos de estar plenamente con las personas con las que estamos**. Mostramos actitudes de desequilibrio, de estirar más el brazo que la manga. Manifestamos un liderazgo atolondrado, con poca presencia plena.

¿Se puede aprender a respirar a los 50 años?

Joan Capri es uno de los mejores humoristas catalanes de todos los tiempos. Mi padre ha reído mucho con monólogos suyos como *El náufrago* o *La guerra del 600*. Yo lo considero además un humanista que nos recuerda qué es importante en la vida y nos ayuda a relativizar. Fue un visionario en cuestiones como la telefonía o las ansiedades de la vida moderna.

En uno de sus monólogos más conocidos, *La Tele*, comenta cómo este electrodoméstico nos vuelve agresivos y cómo se ha exagerado la importancia del deporte. ¡Y se grabó en 1969!

La anciana tía del protagonista se acaba de comprar su primer televisor, y está mirando un combate de boxeo con un grupo de vecinos. Hay un barullo de gente vociferando, dando ideas para que su púgil favorito pegue fuerte, para hacerle sangrar la ceja y noquear a su adversario. Entonces, uno de estos comentaristas *amateurs* dice que el rival «no sabía respirar». A lo que otro responde: «¿Es posible que alguien llegue hasta los 30 años sin saber respirar?».

Por sorprendente que parezca, esto es lo que sostiene el terapeuta irlandés Patrick McKeown en su reciente libro *The Oxygen Advantage: The simple, scientifically proven breathing technique that will revolutionise your health and fitness* (2015). Resulta que la mayoría de nosotros no sabemos respirar, aunque hayamos superado los 50 años.

Al parecer respiramos de forma sincopada, encogida, solo con una pequeña parte de los pulmones, hiperventilamos. Nuestra sensación general de prisa nos lleva a respirar de forma superficial. No hemos acabado de exhalar y ya estamos inhalando otra vez. Con este sistema, no vaciamos los pulmones ni eliminamos toxinas y convertimos el simple ejercicio de respirar en un trabajo arduo.

Es un problema que arrastramos desde pequeños, como comenta el experto Richard Brennan en *Cómo respirar: Mejora tu respiración para la salud, la felicidad y el bienestar* (2017):

> El peso de la cartera escolar comprime los pulmones. Y compensamos ese peso de la mochila arqueando la espalda hacia delante. ¿Se ha fijado en lo recto que caminan los bebés? [...] En todos los colegios del mundo veo cómo los niños se curvan sobre el pupitre.
>
> Nacemos con la postura correcta, pero con la educación la pervertimos. Nuestra educación centrada en las ideas ignora la dimensión corporal. Nuestros conocimientos crecen a la vez que lastimamos nuestro cuerpo y nuestros afectos. La postura corporal nos afecta, no solo físicamente, sino también mental y emocionalmente. Estar todo el día sentado y encorvado priva de oxígeno a nuestro cerebro.

No sé hasta qué punto esto es cierto. Pero ¿no sería maravilloso si solo respirando mejor «tuviéramos más salud, una mente más calmada y clarividente, y emocionalmente más paz?».

Respirar debe ser una actividad pacífica y pacificadora. Hay que realizar menos inspiraciones, pero más profundas. Descubrir la respiración diafragmática nasal: llenarnos de aire gracias al empleo del diafragma y espirar luego lentamente.

Este simple gesto nos llevará a un estado de mayor relajación y conexión: con nosotros, con la naturaleza y con los demás.

¿Podemos hacer crecer en un codo nuestra estatura?

Desde que Joan Seix y Ramon Lacruz me convencieron de que somos lo que respiramos, trato de realizar esas respiraciones varias veces al día. Dicen que es suficiente con 6 respiraciones profundas, 4 veces al día.

Puedes practicar la respiración profunda antes de empezar una reunión, redactar un informe o una presentación significativa. Yo lo hago habitualmente antes de ir a dormir. Me parece que hasta ronco menos, pero lo comprobaré con la opinión de mi mujer. Otra ocasión especial es antes de ver al jefe, o en mi caso, ir a visitar al suegro, que de alguna forma es también mi jefe.

¿No os resulta emocionante pensar que podéis aprender a respirar o caminar de forma más digna y saludable en la mediana edad? Ahora entiendo más al directivo que rechazó a un candidato de excelente currículum porque no le gustaba su cara. Lo justificaba así: «A partir de los 40 años una persona es responsable de su cara».

Ahora entiendo también cómo se verifica ese «efecto milagro» del tipo: contemplar la naturaleza alarga la vida, o quien se ríe diariamente tiene menos riesgo de sufrir un infarto. El aumento de la esperanza de vida no se produce de sopetón, lo que se produce es un alargamiento de la vida útil de nuestra parte somática.

Se dice que cada uno tiene el cuerpo que Dios le ha dado y que nadie puede añadir un codo a su estatura. Pero casos como el de Lionel Messi lo desmienten. Messi nació con un déficit de la hormona de crecimiento que lo situaba al borde del enanismo. Pero la medicina catalana le alargó su estatura unos 15 cm, hasta alcanzar los 170 cm actuales. Sin esa terapia, financiada por el FC Barcelona, ¿habría llegado Messi a ser el mejor jugador de futbol de todos los tiempos? Ahí dejo la pregunta.

Volvamos a nuestro plano de reflexión empresarial aplicada. ¿Por qué no realizar un ejercicio de respiración profunda (meditación) antes de llevar a cabo actividades centrales de gestión como:

- tomar una decisión importante,
- iniciar una reunión directiva,
- una entrevista con un colaborador,
- una *conference call* con un potencial cliente?

¡Es una auténtica ganga!

12.
Trabájate el alma: Antes iban al psicólogo los malos directivos, ahora van los mejores

Antes iban al psicólogo los malos directivos, ahora van los mejores. Antes iban a terapia los directivos que tenían dificultades, ahora tendrán dificultades quienes no tengan la valentía de comprometerse en un proceso de transformación personal.

Me atrevo a dictaminar —después de haber conocido a unos cuantos directivos y a sus organizaciones «exitosas»— que **no serás un buen directivo si no vas al psicólogo**, si en algún momento de tu vida no te pones en manos de un terapeuta. En el diálogo con él/ella te preguntarás por tus ilusiones y frustraciones. Solo confesándote, te conocerás. Solo *des-cubriéndote* ante alguien, te descubrirás a ti mismo. Dándote a conocer a otro, conocerás tu propia verdad.

No serás un buen directivo si no aceptas que tienes límites y rincones oscuros que necesitas limpiar, que debes corregir el rumbo de tu corazón, si no eres lo suficientemente humilde para reconocer que te acecha la soberbia.

«Sé tú mismo el cambio que quieres lograr en los demás», decía —y practicaba— Mahatma Gandhi. La sintonía con tu equipo no mejorará hasta que tengas el coraje de sentarte delante de alguien y abrirle tu alma. Hasta que llegues a contarle, con toda sinceridad —con crudeza incluso—, tus percepciones sesgadas, tus limitaciones y complejos.

Con el nivel de estrés y complejidad que conlleva la vida directiva contemporánea, con la liquidación de las estructuras que orientaban y estabilizaban la existencia en otras épocas, resulta imprescindible acudir, de una forma u otra, en un momento u otro, a la consulta de un psicólogo.

Ir al psicólogo una temporadita, al menos, unos meses, aunque es preferible el horizonte del año. **Cuanto mayor seas en edad y en gobierno, más fruto obtendrás de la terapia y más necesidad.** Aunque el trabajo de transformación será más doloroso porque tu alma necesitará mayor ángulo de rectificación.

Utilizo el término «psicólogo» (que significa experto en alma) con la intención de incluir también a los *coach* y a cualquier tipo de terapia con fundamento, desde la sofrología hasta el reiki, pasando por el tantra, el yoga kundalini, el teatro, el baile, el Camino del Elder o la terapia con caballos. No importa tanto el método que se utilice como el hecho de emprender con decisión, ilusión y humildad un camino.

Estoy dispuesto a aceptar como terapeuta a quienes tradicionalmente hemos llamado **directores espirituales**. Siempre que esos directores sepan dar a sus charlas una dimensión emocional y transformacional; siempre que su rol no sea de mero adoctrinador o aconsejador. Creo que todo **pastor de almas** debería formarse en los fundamentos del *coaching*.

Para ocupar una posición de liderazgo, para incidir sobre las almas, resulta imprescindible ponerse en manos de un especialista del alma. Nadie es buen juez en causa propia. No nos vemos bien a nosotros mismos, ni nos sacamos buen partido.

Para **conocerte** y para **reconocerte**. Para conocer tu alma, para entender tu cuerpo, para saber descubrir tus emociones. Para estar mejor contigo mismo. Para saber cuáles son tus puntos fuertes y tus debilidades: qué te detona y qué te hace vulnerable. Para saber interpretar qué te pasa y por qué.

Puede ser útil acudir a un amigo o a un familiar, a alguien de confianza que te conoce, a una persona a la que aprecias y que sabes que te aprecia. Puedes recibir de él cierto consejo (profesional, familiar...), una orientación ante una decisión difícil. Pero no es recomendable que sea esa persona tu *coach* porque tiene una visión partidista, que le puede llevar a no exigirte, a quedar bien contigo, a no poner el dedo en la llaga, ni entrar en tus zonas oscuras.

La idea es recurrir a alguien que pueda ver las cosas desde fuera. Cuanto más alejado esté de tu círculo de conocidos mejor, cuanto más lejos se halle de tus coordenadas mejor, cuando más lejos esté de tu ideología mejor. Si eres creyente, mejor que no lo sea; si no lo eres, prueba con uno que lo sea...

El trabajo interior es una condición para aumentar el impacto en tu trabajo exterior

Por poca responsabilidad que tengas, cómo estás por dentro influye en tu negocio y en tu organización. Por eso no puedes dejar de tomarte en serio cómo piensas, cómo sientes y desde dónde actúas. Los demás lo notan. Nos lo recuerda Victor Küppers: «La gente no te aprecia por tus títulos o por lo que sabes, te aprecia por tu manera de ser».

Cuanto más alto te halles en la escala jerárquica, cuantos más años de experiencia directiva tengas, más imprescindible será que consultes con un psicólogo o un *coach*. Y paradójicamente, más difícil será que te decidas a tenerlo —y más difícil que te sometas a su criterio—.

«Es que yo sé mucho», «Es que soy una persona sabia e importante»..., con más razón te conviene poner tu alma al descubierto, descubrir tus puntos ciegos. Si eres una persona importante y poderosa, nadie te hablará con sinceridad en la organización. Pagas a colaboradores para que te digan lo que quieres oír y para que difundan lo que quieres difundir.

«Es que yo he escrito libros sobre ética», «Es que soy pastor de almas», «Es que me dedico al *coaching*»..., con más razón debes tener apoyo, tienes especial necesidad de que tu alma sea transparente, sin sombras ni recovecos, porque de la claridad de ella depende la claridad de otras almas.

Si te resistes, es buena señal. El principal obstáculo para pedir ayuda es la *hybris*, el orgullo, la prepotencia. Poner la propia alma en manos de un tercero, ataca la soberbia de raíz. El primer efecto es la humildad, que es otro nombre de la verdad. Reconocer las heridas ante otra persona, quizá más joven, quizá con menos nivel de estudios, seguro que con menos nivel de ingresos. Cualquier proceso de sincerarse implica humillación, y es bueno que aparezcan momentos de vergüenza, sonrojo, incluso llanto.

Durmiendo con mi enemiga la psicología

Escribo estos párrafos con cierto dolor del corazón. Todavía me cuesta decir en alto que voy a la psicóloga o que tengo una *coach*. No solo por reconocer ante los demás que necesito ayuda, sino porque desde pequeño en mi casa la psicología se ha visto como una enemiga.

Los psicólogos eran sospechosos, un sucedáneo laico de la moral cristiana y de la dirección espiritual, que era la guía sobre la que debíamos montar nuestro desarrollo espiritual personal.

Entre los pocos libros que mi padre me recomendó destaca: *The Psychological Society: A Critical Analysis of Psychiatry, Psychotherapy, Psychoanalysis and the Psychological Revolution* (1978), de Martin Gross. En ese texto se defiende que los nuevos ingenieros del alma crean más problemas de los que resuelven:

Cuyos secuaces profesionales son legión. Sus filas incluyen psiquiatras, psicoanalistas, psicólogos clínicos, psicoterapeutas, trabajadores sociales, enfermeras psiquiátricas, psicólogos escolares, orientadores, terapeutas matrimoniales y familiares, psicopedagogos y diversos terapeutas laicos. Recientemente, ha añadido una serie de nuevos profesionales psicolingüistas, biopsicólogos y psicobiógrafos.

Durante años he empezado mis cursos diciendo que no era psicólogo. Con ello quería indicar que mi objeto de análisis era la productividad empresarial, la eficiencia de los equipos y la resolución de problemas.

Hace años que disfruto al explicar una viñeta de Dilbert que critica la intervención psicológica en la empresa.

Viene el jefe y dice: «He encontrado un seminario que les enseñará a caminar sobre el fuego, como forma de aumentar la seguridad en sí mismos. Cada uno de ustedes tendrá que caminar descalzo sobre un lecho de brasas, mientras yo observo». A lo que Dilbert responde: «Pero, curiosamente, habremos aprendido a hacerlo sin sufrir daños, ¿verdad?». Y el jefe contesta: «No, ese seminario costaba mucho más».

Para el estudio de casos de negocio la mirada del psicólogo me parecía un estorbo. Esa mirada centrada no en lo que se propone sino en cómo se propone, que no mira lo que se dice sino quién lo dice. Esa mirada que, en lugar de preguntarte qué piensas al respecto, te pregunta qué sientes... y te desmonta del caballo de tu visión cartesiana.

Escribo estas líneas con cierto dolor, pero también con orgullo por haber cambiado de mentalidad. He acabado por rendirme a mi enemiga: la psicología. Hace años que hablo con una psicóloga con cierta regularidad, tengo una *coach*, y desde hace unos meses he incorporado también un director espiritual.

Estoy muy agradecido con la ayuda que me prestan estos profesionales en mi vida personal, en mi relación de pareja y en mi labor profesional. Este libro no hubiera sido posible sin su apoyo y sugerencias.

Me he formado en facilitación sistémica y liderazgo somático. He participado en numerosos foros y discusiones sobre mejora personal, en sesiones de sofrología y de PNL. Me he acreditado en *coaching* organizativo y sistémico por Organization and Relationship Systems Coaching (ORSC), y tengo un montón de amigas psicólogas, *coach*, terapeutas varias con las que departo habitualmente, comparto lecturas y grupos de internet.

He conocido, meditado, leído, disfrutado y aprendido de sabios como Anthony de Mello, Anselm Grün, Thich Nhat Hanh, Paramahansa Yogananda, Pablo d'Ors, Raimon Panikkar, Ken Wilber, Arnold Mindell, Marshall Rosenberg, Jon Kabat-Zinn, Álex Rovira o Luján Comas, por citar algunos.

Soy profesor de una facultad de psicología en exclusiva, y tengo una hija que estudia en la misma facultad, con la que siempre me he sentido especialmente unido.

Cada día estoy más convencido —porque he comprobado reiteradamente que sucede así— de que **las crisis de resultados de las empresas están causadas por las crisis es-**

pirituales de sus líderes. Las malas actitudes del directivo acaban con el espíritu de grupo, deterioran la autoridad, la confianza y la cooperación.

Cada día estoy más convencido —porque lo he comprobado— de que la única manera de recuperar los buenos resultados de forma consistente es transformando las actitudes, los prejuicios, los temores y paradigmas del CEO. Y a continuación los de sus equipos.

Insisto, **la profundidad del parón y la reflexión personal determinarán la medida del salto adelante que conseguirá la organización bajo tu liderazgo**. Y esta transformación personal no la puedes hacer solo, tienes que acudir a algún terapeuta.

13.
Cuando te relajas eres tú mismo

Siempre me he considerado una persona tranquila, aunque mi mujer no está de acuerdo conmigo en este punto. La semana pasada acudí al médico de cabecera para una visita rutinaria. En términos generales parecía estar bien. Pero no dejaba de poner los ojos como platos, mientras me daba palique. La razón, una presión de 17/9, que apenas bajó en una segunda cata. «¿Estás nervioso?», insistía... «No especialmente... aunque esta mañana he visto a mi jefe».

Después de un breve seguimiento, con el apoyo de una buena farmacéutica, acabamos por diagnosticar qué me ocurría. Mi patrón de presión arterial en estado de calma es de 12/7: de manual. Pero en presencia del jefe me sube 4 puntos. Aunque me considere una persona pacífica trabajo habitualmente en estado de alta tensión.

¿Es nuestro entorno laboral un ámbito pacífico o tensional? ¿Qué espacio psicológico generamos alrededor? ¿Qué resultado daría si hiciéramos el experimento de medir la presión arterial a quienes dependen de nosotros?

Cuando te relajas, eres tú mismo, leía recientemente en *The Cutting Edge: El arte marcial de los negocios* (2019), de

Bjorn Aris. Una idea que me ha ayudado a entender y aceptar, una observación sobre mí, negativa, que me hizo ese jefe hace un año: «A veces te bloqueas». Efectivamente, me bloqueo ante su presencia. Y me vuelvo una persona mucho menos talentosa de lo que en teoría soy. Un claro ejemplo de mal aprovechamiento del talento de una persona de «altas capacidades», que es como le gusta llamarme.

Cuando te relajas, eres tú mismo. Y voy entendiendo de qué va el tan cacareado *mindfulness* y la absoluta necesidad de aprender a practicarlo. Pido perdón por haber ridiculizado a uno de mis jefes anteriores, cuando intentó implantar una sesión de yoga en la oficina los viernes a primera hora. Yo acudía a desgana, y por motivos inconfesables.

Bjorn Aris denuncia que en los entornos organizativos hay presencia física, pero ausencia de Espíritu. Y para poder resucitar este Espíritu debe realizarse un trabajo de centramiento en todos los sentidos.

Estamos salvados —decía Benedetti— mientras los poetas se encuentren con su alma y con su cuerpo. Para acometer las acciones directivas esenciales en condiciones (tomar decisiones, enviar un email a una persona clave o una entrevista de *performance appraisal* a tu principal colaborador...) es preciso alinear la mente, las emociones y la corporeidad.

La dimensión cognitiva y analítica es solo una pequeña parte del buen dirigir. Para decidir bien es preciso pensar y recopilar información, pero todavía es más importante captar la esencia de la situación, crear un relato, intuir, conectar con los participantes y los afectados.

Las decisiones no solo se calculan, sino que también se construyen, se imaginan y se sienten «in the guts». Toda señal externa entra por primera vez en el cuerpo en un área alrededor del corazón, y solo después se transmite al cerebro.

¿Cómo nos preparamos para las reuniones y para la toma de decisiones? ¿Cómo nos concienciamos ante una conversación importante con un cliente, o una charla interna que quiere ser motivadora?

Prepárate como Pedro Ruiz antes de ir a la radio

Nunca olvidaré un reportaje en que el gran mediático Pedro Ruiz contaba cómo planteaba su día laboral. Para darlo todo en su programa de radio en directo, empezaba el día con mucha calma; se levantaba tarde, hacía ejercicios y natación. Comía bien, escuchaba música, se relajaba. Tenía que cuidar su instrumento de trabajo, que es él mismo.

¿Verificamos que nos sentimos bien, con la mente clara, antes de entrar a debatir? ¿Que no tenemos pretensiones de llevar el agua a nuestro molino, de retrasar una determinada propuesta o criticar a cierta persona? En la reunión ¿escucho a los demás para aprender? ¿Adopto una postura corporal adecuada y busco una buena ubicación cuando no es así?

Cuando te relajas, eres tú mismo. **Los equipos directivos fracasan más por el desaprovechamiento del talento que tienen, que por andar cortos de él.** Cualquiera de los comités de dirección que he conocido, bien avenido, bien pulsado, integrado, habría alcanzado la luna. Albergan un potencial inmenso, pero que no llega a desplegarse por sus peleas crónicas, apocamiento o vergüenzas.

Abordando los problemas con una actitud de liderazgo *slow*, lograremos más porque entraremos a mayor profundidad en la situación.

Antes de cualquier encuentro significativo vale la pena «perder el tiempo» en un ejercicio de pacificación de alma y cuerpo. Para así reducir duraciones y aumentar intensidades —que es siempre una estrategia ganadora—. Bajar el ritmo. Menos es más.

El Nobel de economía Daniel Kahneman, en su aclamado libro *Thinking Fast, Thinking Slow* (2013), muestra cómo los jueces de las más altas instancias jurídicas se vuelven más o menos severos en función del calor que haya en la sala o lo cansados que estén.

Cinco minutos con un colaborador, de corazón a corazón, mirándole a los ojos, pueden renovar su confianza en la empresa para cinco meses. Y, en cambio, una manifestación destemplada de un jefe estresado rompe la confianza del colaborador de forma irreparable.

Cuando te relajas, ese eres tú mismo, como persona, como directivo o como equipo. Si diriges pacíficamente, lograrás que tus empleados recuperen talentos sepultados bajo el polvo de años de oficina. Seremos capaces de (re)descubrir sus *secret selfs*, agazapados por la alta tensión laboral. El efecto multiplicador del buen jefe te acerca a conquistar el tópico de ser tú mismo, incluso más que tú mismo.

Como ha estudiado Liz Wiseman en su libro *Multipliers: How the Best Leaders Make Everyone Smarter* (2010) (*Multiplicadores: Cómo potenciar la inteligencia de tu equipo*), un Multiplicador es un «creador de genios», alguien capaz de hacer aflorar la inteligencia de los otros. Los Multiplicadores construyen la inteligencia colectiva de las organizaciones e inspiran a las personas a esforzarse para alcanzar resultados que superan las expectativas.

Parte IV.
Actitudes que encarna el líder pacífico

14.
Muestra vulnerabilidad

Hablo desde la autoridad que me confiere el fracaso, decía Scott Fitzgerald. «La vulnerabilidad es el alma de la revolución», reza una pintada del barrio por donde habitualmente hago *footing*.

No me gustan los libros que hablan de empleados tóxicos, porque los tóxicos siempre son los demás. Pintan caricaturas de la partida de imbéciles que nos vemos obligados a soportar diariamente en la oficina. Tienen mucho éxito porque apetece poder rajar de jefes y compañeros con una supuesta base científica.

Mi propuesta va en la dirección contraria, aunque algunos han querido ponerme en el mismo saco. En *Gestión de incompetentes: Un enfoque innovador de la gestión de las personas* (2010), los incompetentes somos principalmente nosotros mismos. No es una guía para señalar a los demás. La expresión «gestión de incompetentes» ha sido escogida por su doble sentido. Significa tanto «gestionando incompetentes» como «incompetentes gestionando». Es una paradoja de carácter circular. Nos anima a quitar la viga del propio ojo, antes de tratar de quitar la paja del ajeno.

Podemos estar —de hecho, estamos— en ambos lados de la línea de demarcación entre buenos y malos, entre competentes e incompetentes. **Los tóxicos no son solo los demás, sino que cada uno es a ratos bueno y a ratos malo.** Somos geniales en algunos ámbitos y fatales en otros. Mejores en una época de nuestra vida y peores en otra. Fantásticos con nuestros allegados y detestables con el resto, o viceversa.

En mis conferencias me gusta repetir que:

- Todos somos incompetentes, aunque de formas distintas.
- Un competente es un incompetente insuficientemente diagnosticado.
- Un gran talento es un incompetente convenientemente desarrollado.
- Somos más incompetentes de lo que pensamos, pero tenemos más potencial del que creemos.

El juego de la toxicidad y la incompetencia tiene un efecto circular y paradójico. Es un proceso dinámico, que tiende a equilibrarse o desequilibrarse. Nada es definitivo, todo es relativo. Serás bueno mientras no te lo creas. Te vuelves malo cuando todos tus amigos dicen que eres bueno. **Donde están tus fortalezas están tus debilidades.**

Me viene a la cabeza el liderazgo de una importante organización deportiva (que cada lector le ponga cara). Después de una larga época de líderes personalistas y autoritarios, apareció una candidatura de carácter transversal. No se definía por el nombre de nadie, llevaba el nombre de un animal para subrayar la idea de renovación, de sangre nueva, de trabajo en equipo. Arrasó en las elecciones.

Pero, cuando el nuevo equipo accedió a la presidencia, las cosas cambiaron rápidamente. Después del éxito electoral y de los primeros éxitos deportivos, volvió el personalismo incluso más que antes. El trabajo en equipo, del que se pavoneaban, se fracturó drásticamente. Se crearon grupos y subgrupos, los conflictos y las dimisiones eran el pan de cada día. Las luchas intestinas crearon escisiones y escándalos que acabaron en los tribunales.

Nosotros mismos somos los buenos y los malos, los competentes y los incompetentes, la persona tóxica y la persona vitamina. No avancé mucho en entender los pensamientos tóxicos de mi pareja hasta que descubrí que yo también tenía unos cuantos. No he reconectado con mis hijas, ni con mis alumnos o con mis colegas, hasta que he reconocido que tenía una mala actitud hacia ellos.

Proclama en público tus incompetencias

Nada puede darte más paz que reconocer tus limitaciones. En lugar de estirar el brazo más que la manga —como el líder atolondrado—, en lugar de prometer lo que sabes que no puedes prometer, en lugar de dar como cierto lo que no te crees ni tú, **conviene reconocer los propios fallos**. En lugar de confundir el deseo con la realidad, la tentativa con el logro, lo que has oído con lo que has comprobado, **conviene reconocer tus límites.**

Es fácil reconocer limitaciones de forma genérica. Articulando frases del tipo «nadie es perfecto», «se llega donde se llega», «quien hace lo que puede no está obligado a más»... Pero en estas expresiones no hay un auténtico reconocimiento de los propios fallos. Suenan más bien a excusas.

Lo que de verdad cuesta es reconocer limitaciones concretas. Cuanto más concretas más costará: soy lento planeando actividades, me olvido de las cifras con facilidad, no domino los detalles del nuevo catálogo de productos, me cuesta escribir emails, soy perezoso y me levanto tarde, me estresa viajar, me cuesta tomar decisiones, no escucho y tiendo a imponer mi opinión sobre la de los demás, por citar unas pocas actitudes con las que nos podemos identificar.

Tampoco vale cualquier tipo de limitación porque algunas son políticamente correctas: no tengo buena memoria, soy tímido, me cuesta hablar en público, no soy buen fisonomista, no tengo oído o me da miedo volar. No vale —al menos en España— reconocer que se es malo en inglés, en las redes sociales o usando el móvil, porque hasta el presidente del gobierno no tiene vergüenza en reconocer todo ello públicamente.

Los políticos tienen una especial necesidad —y una especial dificultad— en reconocer sus limitaciones. En una entrevista, le preguntaron al candidato del principal partido que reconociera algo que hacían mal, como al parecer su partido decía que hacía. El candidato, después de una larga pausa, se animó a responder: «De acuerdo, reconozco que mi partido ha cometido el error, muchas veces, de no saber explicar suficientemente bien todo lo bueno que hace». La realidad supera la ficción.

Directivos, padres y políticos no se atreven a reconocer los errores que cometen. Tienen miedo de que ese reconocimiento les reste autoridad, les haga perder votos. Se equivocan. Hace años que en las campañas electorales ofrezco mi voto al candidato que acepte que ha cometido fallos, concretos, mencionables. Ninguno se ha ganado mi voto hasta el momento.

El político que presenta una hoja de servicios inmaculada no es creíble. Si se propuso 10 objetivos para el mandato, habrá cumplido 7 a lo sumo. Otros habrán quedado a medio hacer o, por alguna razón, no se habrán podido poner en marcha. Es probable que se haya descubierto que alguna propuesta del programa electoral no era tan interesante como inicialmente se pensaba.

Resulta especialmente costoso reconocer las limitaciones en las habilidades profesionales básicas del tipo: «No soy bueno en las reuniones de ventas», «se me dan más los números que encontrar argumentos». «Me falta iniciativa o ilusión para cosas nuevas», «no tengo don de gentes o precisión para revisar asuntos». «No tengo paciencia para esperar el momento oportuno» o «soy demasiado optimista en mis valoraciones».

Nunca olvidaré la sabia respuesta de un conferenciante español muy cotizado. Un día, le invité a impartir una sesión en mi universidad, lo que aceptó gustosamente. Como siempre, estuvo brillante y divertido. Al acabar, unos alumnos entusiastas le intentaron contratar para otro evento parecido que era en inglés, seguros de que les atendería de igual manera. Pero su respuesta fue rotunda: «No imparto conferencias en inglés. La charla no es lo mismo».

Desde que publiqué *Gestión de incompetentes* intento practicar la virtud de reconocer en público alguno de mis límites. **El reconocimiento de la propia incompetencia es la base de toda competencia consolidada.** Este es el *leitmotiv* de toda mi obra, por si alguien no lo tenía claro.

Si reconozco que en algún aspecto no soy bueno, también seré de fiar cuando diga que en otro sí lo soy. **Quien dice que todo lo hace bien no es de fiar**, ya sea un consultor, un formador, un abogado o se trate de un restaurante. No todos los platos pueden ser igualmente buenos, ni son excelentes todas las películas de Woody Allen, por mucho que yo lo admire.

Lo que más cuesta es reconocer incompetencias (profesionales) **respecto a otras personas cercanas**. «No soy tan buen vendedor como zutanito». «Me afecta más que me comparen con un compañero de colegio que con alguien de otro país». «Me cuesta más reconocer mi incompetencia respecto a mi hermano que respecto a un actor de Hollywood»...

Cuesta reconocer que eres incapaz de comunicarte con el equipo con fluidez, impulsar el ritmo de ventas o promover nuevas iniciativas. Yo he tenido que reconocer mi incapacidad para gestionar a los adolescentes que habitan en mi casa. Su hipercomunicación me supera, y no alcanzo a seguir en qué negocios andan o cómo se llaman los chicos que les gustan.

Reconozco que tengo un discurso complicado y que, en ocasiones, mis alumnos universitarios no me siguen, que tengo dificultades en ponerme a su nivel. Recientemente he renunciado a impartir unas horas de clase porque no podía atenderlas con plena presencia. Me ha costado reconocer todo esto y, sobre todo, actuar en consecuencia. Pero ahora tengo más paz.

Reconozco también que soy un profesional relativamente lento. Tenían razón Jordi García Bon y Xavier Bribian, mis últimos jefes. Reconozco sobre todo —y esto sí que es duro para mí— que no soy tan rápido como mi mujer haciendo gestiones, ni tan simpático como ella. Y ahora ella podrá leerlo.

¿Te atreves a reconocer ante los demás que eres flojo en algo? (no vale el inglés o la informática).

15.
Buscando líderes imperfectos

Hemos vivido décadas bajo el espejismo de la perfección. «Las utopías parecen mucho más realizables hoy de lo que se creía. Pero ahora nos hallamos ante otro problema igualmente angustioso: ¿Cómo evitar su realización definitiva?... Quizá empezará una nueva era en la que los intelectuales y las clases cultas soñarán con el modo de evitar la utopía y volver a una sociedad no utópica, **que sea menos perfecta pero más libre**», Nikolai Berdiàiev, en el prólogo a la edición mexicana de *Un mundo feliz*.

Cuando las cosas se plantean para ser perfectas, suelen acabar fatal. Esto es lo que, inspiradas en la experiencia histórica de los totalitarismos, denunciaron novelas distópicas como las de Orwell, Ray Bradbury o el *Mundo feliz* de Huxley. Byung-Chul Han sostiene que estamos ante un nuevo totalitarismo: la *Infocracia* (2021).

Vivimos en una sociedad que nos exige estar a la última, nos obliga a ser los mejores en todo. Pero la perfección es un espejismo que siempre revienta. Y revienta a las personas que lo persiguen. Son famosos los maltratos de conocidos directores de cine a sus actores y de algunos entrenadores olímpicos a sus gimnastas, como he escrito en «Hundidas en la piscina olímpica».[1]

Las organizaciones —y las vidas— perfectas acaban quebrándose. Los grandes fracasos y accidentes (desde el *Titanic* hasta el del Concorde) son consecuencia de una pretensión de perfección, como he tratado de explicar en *El japonés que estrelló el tren para ganar tiempo* (2012).

Es el momento de reivindicar la imperfección: de cuidarse y **quererse con imperfecciones.**

Se adivina un cambio de sensibilidad. La campaña del jabón Dove «por la belleza real» va en esta dirección. La marca quiere transmitir un mensaje de la belleza como fuente de confianza, no de ansiedad. En sus anuncios Dove utiliza personas de la calle en lugar de modelos profesionales. Quizá recordarás el *spot* que reinterpreta en positivo rasgos femeninos considerados tradicionalmente como negativos.

- ¿Fondona o femenina?
- ¿Con manchas (pecosa) o llena de encanto?
- ¿Canosa o carismática?
- ¿Vieja o vital?

¡Qué cosa tan vulgar cuando las empresas dicen que son las mejores, que en ellas funciona todo a la perfección! Los mismos argumentos, las mismas fotos con sonrisas, el mis-

---

1. https://managingincompetence.com/presionamos-demasiado-al-profesional-hundidas-en-la-piscina-olimpica/

mo *skyline* de ciudad americana, los mismos PowerPoint: todo perfectamente intercambiable. Ya lo decía Tolstoi: «Las familias perfectas son todas iguales, las que no, lo son cada una a su manera».

En junio de 2018 la empresa Ogilvy lanzó una campaña para la mayonesa Ligeresa que invitaba a disfrutar de la vida, con el eslogan: «Tómate la vida más a la ligera». Pretendía, mediante un guiño al nombre de la marca, acabar con la tendencia de querer hacer todo perfecto. Decía Camil Roca (director creativo):

> La marca se apropia de una tensión social, a veces autoimpuesta por la propia mujer, que basa su felicidad en rozar la perfección en todos los aspectos de su vida. Nos exigimos una vida perfecta, pero además tenemos que transmitirla en las redes sociales, mostrando lo felices que somos.

El anuncio, en una rápida cadencia, muestra imágenes de la casa perfecta, la hija perfecta, la familia perfecta, la boda perfecta, el perro perfecto, el equilibrio perfecto, el cuerpo y la ensalada perfectos.

La imperfección hace más amable la virtud y definitivamente más divertida. *Maravillosamente imperfecto, escandalosamente feliz* es el título del libro del psicólogo italiano Walter Riso, en el que aborda tópicos tan sugerentes como: «Las personas normales dudan y se contradicen: las creencias inamovibles son un invento de las mentes rígidas», «La realización personal no está en ser el mejor, sino en disfrutar plenamente lo que haces» o «Permítete estar triste de vez en cuando, la euforia perpetua no existe».

Este núcleo de ideas apunta tendencia. El movimiento Im-Perfect, que nace de la aceptación de las imperfecciones. Es el momento de cuidarse y de quererse tal como se es, con sus dualidades, contradicciones e imperfecciones. «Siendo perfectamente imperfectos o imperfectamente perfectos. Como los productos de Kaiku Sin Lactosa».

La empresa de integración social Espigoladors ha convertido este argumento en su razón de ser. Personas imperfectas se asocian para la recuperación y comercialización de fruta y verdura imperfecta, que ha sido rechazada para el primer circuito, transformándola en mermelada. «Cógeme si crees en las segundas oportunidades», dice su anuncio. La mayoría de sus empleados provienen de colectivos con riesgo de exclusión social. «En Espigoladors damos una segunda oportunidad a frutas y verduras feas e imperfectas, y a personas bonitas».

Intentar entrar penúltimo en la meta

«Conviene entrar penúltimo en la meta, de la vuelta a la infancia en patinete», propone el cantante Joaquín Sabina en su tema *Jugar por jugar*. Una sugerencia audaz, porque en nuestra mentalidad acelerada nos aterra ser los últimos: los últimos en el *ranking*, los últimos en enterarnos de algo, los últimos de la fila.

Corremos porque nadie quiere ser el último. En los zigzags del embotellamiento de vuelta a casa el domingo por la tarde, no buscamos un objetivo real de llegar pronto, sino dejar atrás a los demás. Nos acelera la posibilidad de adelantar. No nos importa el tiempo que podemos ganar, que resulta insignificante, lo que no soportamos es que los vehículos del otro carril vayan más rápido. No queremos perder. Adelantamos por el instinto de adelantar, de pasar por delante de los demás.

Este principio es la base de la adicción a los juegos de azar. Están planteados como mecanismos para ganar, ganar lo que sea, ganar a alguien, ganar por ganar; aunque no sepamos exactamente qué o a quién ganamos, ni exista la posibilidad de canjear los puntos por algo útil.

Desde hace un par de años, hago mi ejercicio diario con el móvil en la mano. El motivo se llama Sweatcoin. Una App que cuenta tus pasos, y te permite ganar una criptomoneda con el sudor de tu frente. Creo que llevo unas 6.000 unidades de Sweatcoin.

¿Qué gano con este «dinero»? En la aplicación existe una lista de objetos que se pueden adquirir (gafas, clases de yoga...) que nunca he canjeado. ¿Es eso lo que busco con mi ejercicio o más bien ganar por ganar? Es poco probable que llegue a canjear Sweatcoin por algo más significativo.

Todos queremos estar en el primer puesto, en el grupo de cabeza, aspiramos a ser números uno. Pero **si todos tenemos que ser números uno, (casi) nadie podrá llegar a**

serlo. Quedaremos todos apelotonados, ¿en la parte alta de la clasificación?

Si todos estamos arriba, el resto de la tabla queda desierta. No existirán últimos puestos ni categorías inferiores. Pero eso no tiene sentido. Alguien deberá ocupar los puestos inferiores para que otros ocupen los superiores.

Una de las grandes contradicciones de nuestra mentalidad perfeccionista, acelerada y triunfalista es que **nadie está preparado para ser un talento medio**. Por eso, el número de frustrados resulta abrumadoramente mayoritario.

El propósito de «llegar penúltimo a la meta» que nos sugiere Sabina desconcierta, pero es una fuente de paz. Lo importante es jugar por jugar. Descubrir, a media partida de ajedrez, que en realidad estábamos jugando al come-come. Y que ganará quien primero se quede sin fichas.

Para resaltar la futilidad de los *rankings*, la canción da al verso un giro irónico mayor. No hay que tratar de ser el último en la meta, sino el penúltimo. Mi padre solía contar un chiste sobre alguien que era tonto, «tan tonto que en un concurso de tontos quedaría segundo». «¿Querrás decir primero?», le preguntaba yo. «No, quedará segundo..., por tonto».

No querer ser primeros tiene algunas ventajas. Se suele decir que a los pioneros se los comen los indios. Las primeras filas del batallón son carne de cañón. Los que salen más tarde escarmientan en cabeza ajena. Los *early adopters* pagan precios altos por productos que al poco tiempo serán más baratos. Y topan con problemas técnicos, que una vez resueltos serán aprovechados por la *late majority*.

La frase de Sabina hace pensar inmediatamente en aquella otra inquietante frase, «los últimos serán los primeros», que pronunció hace dos mil años uno de los grandes de la humanidad. Y que mi ingenioso hijo Oriol utiliza para justificarse cuando llega tarde.

Elogio de los talentos medios

Renunciar a pelear por ser números uno, a destacar por encima de los demás, no significa abandonar la lucha, sino orientar la pelea de forma más realista y pacífica.

Imbuidos del pensamiento único, somos incapaces de mirar nuestra ambición desde fuera, de darnos cuenta del ridículo que significa la carrera de todos contra todos, que nos deja en el mismo lugar que estábamos al inicio. De este juego de suma negativa en que uno gana —solo durante un tiempo— mientras todos los demás pierden.

Cuando era niño, un amigo de mi hermano al que consideraba un tarambana (en mis categorías de entonces «tarambana» era equivalente a quien obtenía malas calificaciones escolares) me explicó que prefería sacar un 7 y poder ayudar a un compañero que obtener un 9 trabajando solo. No me convenció entonces su respuesta, pero cada vez le veo más sentido.

La cultura de intentar ser números uno es técnicamente inviable, y siempre acaba en algo falso y pretencioso. **Debemos pasar de la cultura de ser el mejor a la actitud de estar sencillamente entre los buenos.**

Reivindico la cultura de los talentos medios, de quien:

1. No lo sabe todo y lo reconoce
2. Pregunta lo que no sabe
3. Aprende de sus colegas en aquello que le superan
4. Es constante más que brillante
5. Se equivoca tres veces al día
6. Se muestra vulnerable
7. Se ríe de sus defectos, no de los de los demás
8. Sabe estar en segunda fila
9. Es veterano, tiene algunos años
10. Ha fracasado alguna vez (conviene haber sido despedido).

16.
Jefes que no quieren serlo

En el cónclave de 2005 que eligió a Joseph Ratzinger como papa, este rezaba para no ser elegido. A sus 78 años, después de haber ostentado cargos importantes bajo el pontificado de Juan Pablo II, pensaba dedicarse a la lectura y a tocar el piano. Nosotros, si rezamos en unas elecciones, lo haríamos para ser elegidos, aunque fuera para el premio limón de la oficina.

La tradición escolástica sobre el acceso a los cargos de responsabilidad ha formulado el paradójico principio del *nolis quaerimus* (al que no quiere, a ese queremos). Preferir para que mande a aquel que manifieste menos ganas de mandar. Dar el mando al menos mandón. Es este un planteamiento audaz que podría guiar el proceso de regeneración política pendiente en nuestro país a muchos niveles. ¿Por qué no escoger como presidente del gobierno a alguien que no se haya presentado en las listas de un partido si es el más competente?

No sé cómo se podría instaurar este principio en las organizaciones. Dicen que en los cónclaves sigue pasando algo parecido. Pero no es tan distinto a como funciona la empresa industrial brasileña SEMCO, en la que cada 6 meses se someten a plebiscito las posiciones de mayor responsabilidad.

«Los cargos son cargas», decía alguien que conozco bien. Mientras escribía este capítulo conocí a un alto directivo de una importante universidad que renunció a su cargo, que le gustaba mucho, para poder dedicarse en condiciones a un bien superior: la coordinación de una red mundial. Un cargo que era compatible sobre el papel con su dedicación actual. ¿Actuamos así cuando nos ofrecen una nueva responsabilidad?

Cuándo nos ofrecen algo nuevo para hacer, ¿pensamos qué actividades de las que desarrollamos en el presente dejaremos de hacer para atender a las nuevas en condiciones?

Una manifestación perfecta de esta actitud dimisionaria fue la que tuvo el emperador Augusto (cuando se llamaba Octaviano) en el año 27 a. C. Augusto había sido elegido cónsul, ostentando *de facto* el máximo poder de Roma. De repente, se presentó ante el Senado devolviéndole a este los poderes y anunciando su retirada de la vida pública. El Senado respondió abdicando a su vez de sus poderes como Senado y remitiendo el poder de nuevo a Augusto. Por añadidura, confirió a Octaviano el apelativo de Augusto (El Aumentado) por el que será conocido a partir de entonces. Tenía apenas 35 años. Cimentó así el mandato imperial más largo conocido, que ostentó hasta el mismo día de su muerte pacífica a los 75 años.

Hacer *bullying* a los ambiciosos

Quien dimite de forma voluntaria está diciendo que pone el cargo por encima de su ambición, que el proyecto pasa por delante de su persona. Transmite un mensaje colaborativo. Nos está diciendo: «No llego a más, hay que confiar en otros. Vendrán otros detrás de mí, y espero que lo hagan mejor que yo».

Copio de las memorias de Pío IX: «Mi sucesor deberá tomar inspiración de mi amor a la Iglesia y de mi deseo de hacer el bien. En cuanto a lo demás, todo ha cambiado a mi alrededor. Mi sistema y mi política han pasado de época, soy ya demasiado viejo para cambiar de orientación. Eso será obra de mi sucesor».

Como dice Von Karajan: «El arte de dirigir consiste en saber cuándo hay que abandonar la batuta para no molestar a la orquesta». Necesitamos una cultura organizativa menos posesiva y personalista. Necesitamos políticas más flexibles, donde se pueda subir y bajar, sin que los que vengan detrás tiren por la borda lo anterior; donde se pueda reconocer que algo te viene grande sin ser estigmatizado por ello.

Es el dilema entre **ver el cargo como servicio o servirse del cargo.** Creo que por regla general los directivos —incluso los políticos— llegan al cargo con vocación de servicio, pero la dinámica perversa del poder hace que olviden pronto su vocación.

Hay que evitar el apego. Ikuri era un sabio abad en Korewa, un monasterio de la región de Edo. Un día el gobernador de Edo decidió visitarlo. Al llegar, presentó su tarjeta de visita: «Dacho, gobernador de Edo». A lo que Ikuri respondió: «No quiero ver a este hombre, decidle que se retire». Cuando el sirviente se lo comunicó a Dacho, este entendió: «Es culpa mía». Y tachó de su tarjeta su nombre, dejando únicamente: «Gobernador de Edo». Solo así Ikuri accedió a recibirlo (Bjorn Aris, 2018).

Esta actitud dimisionaria, de reconocer la propia limitación, de reconocer incluso la incapacidad para cambiar, no es frecuente entre directivos. Empujados por el orgullo y el narcisismo, los aspirantes a directivos consideran que están capacitados para cualquier puesto durante un tiempo indefinido.

Las organizaciones pagan un precio muy alto por no discriminar a los ambiciosos. El porcentaje de incompetentes que acceden a los puestos es muy alto. Como explica Tomás Chamorro-Premuzic, las empresas discriminan positivamente a quien muestra más ambición. Los defectos de carácter, como el ser demasiado ambicioso, se considera un indicio de talento para el liderazgo. Rasgos como el exceso de confianza o el egocentrismo, en vez de verse como alarmas que incapacitan para mandar, llevan a exclamar: «¡Qué tío tan carismático!».

17.
Vivir el *Carpe diem* o en *mindfulness*

«No esperes el momento perfecto, aprovecha este momento y hazlo perfecto».

DAN ZADRA

El *mindfulness*, la presencia plena, es la actual panacea en desarrollo personal. Se presenta como la nueva clave de la felicidad, se identifica con ella. Vivir centrados y apasionados en lo que hacemos, estar en el aquí y el ahora. Trabajar con la intensidad y la plenitud de la encajera de Vermeer.

Este vivir al día coincide con la filosofía del *Carpe diem*, si lo leemos directamente de Horacio:

No pretendas saber, es algo sacrílego,
el destino que a ti y a mí, Leucónoe,
nos tienen asignados los dioses,
ni consultes los cálculos Babilónicos.
Mejor será aceptar lo que venga,
ya sean muchos los inviernos que Júpiter
te conceda, o sea este el último,

el que ahora hace que el mar Tirreno
rompa contra los escollos.
Sé prudente, filtra tus vinos,
y como la vida es breve
no esperes largamente.
Mientras hablamos, el tiempo huye envidioso.
Vive el día de hoy. Captúralo.
No te fíes del incierto mañana.

El *Carpe diem* no invita al pasotismo, a despreocuparse de todo —como se nos ha querido hacer creer—. Significa, por el contrario, preocuparse absolutamente de lo que pasa hoy, y despreocuparse absolutamente de lo que pasará mañana.

Trabajar cada día como si fuera el primero, y pudiera ser también el último.

Partiendo de tradiciones orientales, Eckhart Tolle arrasó en 1997 con *The Power of Now: A Guide to Spiritual Enlightenment*. El autor nos invitaba a anclar nuestra mente y nuestras emociones en lo que hay, en el *ahora*. Si te haces amigo del momento presente, de lo que inmediatamente se te da, vas a sentirte bien dondequiera que estés y pase lo que pase.

El sufrimiento humano nace en nuestra mente cuando concedemos excesivo papel al pasado (y aparecen el remordimiento y la culpa) o excesivo papel al futuro (y aparecen el miedo y la ansiedad). La presencia plena, con actitudes como la aceptación o el agradecimiento, acaba con las tendencias desestabilizadoras del alma.

Esta imperturbabilidad de la ascética oriental coincide con lo que plantea San Ignacio, refundador de la ascética cristiana, cuando en los primeros compases de sus *Ejercicios espirituales* nos habla del principio de indiferencia.

Es menester hacernos indiferentes a todas las cosas criadas, de tal manera, que no queramos de nuestra parte más salud que enfermedad, riqueza que pobreza, honor que deshonor, vida larga que corta, y por consiguiente en todo lo demás; deseando solamente lo que más nos conduce para el fin que somos criados.

Desde la misma tradición católica, Josemaría Escrivá invitaba a santificar el día a día de cada uno. Para él la perfección consiste en «hacer lo que debes y estar en lo que haces». Durante siglos hemos estado centrados en la primera parte de la frase, en «hacer lo que se debe»: aprender la lista de mandamientos, saber lo que se debe hacer en cada circunstancia... Pero en nuestra sociedad hiperactiva el reto es saber «estar en lo que se hace». «Pórtate bien "ahora", sin acordarte de "ayer", que ya pasó, y sin preocuparte de "mañana", que no sabes si llegará para ti» (*Camino*, 253).

Tendemos a aplazar la paz personal hasta que encontremos horas de bonanza, plenitud exterior: «cuando acaben los exámenes», «cuando me cure de una dolencia», «cuando mis hijos se asienten», «cuando me hagan jefe», «cuando escriba mi primer libro»... Escrivá lo llama mística hojalatera: «Ojalá consiga este proyecto, ojalá me den este puesto de trabajo, ojalá ganemos el concurso».

La periodista Pilar Cambra nos conminaba a no pensar mucho en el mañana:

> No porque la prudencia de tratar de organizar el mañana sea reprobable, sino porque la fijación en lo que aún no es impide dedicarnos con «alma, corazón y vida», como dice el bolero, a lo que más importa y nos importa, que es el presente, lo que tenemos entre manos, amasar el pan nuestro de cada día.

Como dice Flaubert: «El futuro nos tortura y el pasado nos encadena. He aquí por qué se nos escapa el presente».

Al acabar uno de nuestros primeros talleres de liderazgo *slow*, un participante compartió este pensamiento de Montaigne como su síntesis particular: «Cuando bailo, bailo. Cuando duermo, duermo. Y cuando camino por un bosque, si mi pensamiento se distrae hacia asuntos distantes, lo conduzco de nuevo al camino, a la belleza de mi soledad».

Después de visitar a un primo al que le han diagnosticado una enfermedad terminal, esta idea de vivir al día adquiere especial resonancia. Su mujer ha dejado de trabajar para cuidarle. Se preguntaba si había hecho bien vendiendo la casa de la montaña para instalarse a vivir en la ciudad, donde la atención hospitalaria es más fácil.

El jefe con actitud peripatética

El mejor test de ser pacíficos es saber cómo reaccionamos ante los imprevistos de la jornada. Tendemos a comportamos de forma trivial, estamos tranquilos mientras suceda lo que nos parece bien e inquietos cuando sucede algo distinto.

Pero la paz se alcanza como virtud cuando aprendemos a encajar los reveses con serenidad. Cuando adquirimos la capacidad de surfear los obstáculos y las pequeñas contradicciones: un pequeño retraso, no encontrar aparcamiento, perder el autobús, que falle el ordenador...

Debo a la *coach* Cristina Rodríguez la distinción entre error y fracaso. Cada día hay un montón de gestiones que no salen como queríamos. Son errores que suceden por falta de habilidad, precipitación, descuido o simplemente por casualidad. El hecho de tomarnos esas no conformidades como algo personal («están en mi contra», «es mi culpa», «soy un desastre»...) deteriora nuestra capacidad emocional y relacional.

Si adoptamos la indiferencia ignaciana experimentaremos una actitud peripatética ante lo que nos pasa. Un aire de explorador, de alguien a quien le gustan los retos. Una actitud de turista, que se interesa por todo lo que ve, por extraño que le parezca.

Tuve la inmensa suerte de iniciar mis estudios universitarios en Granada. Allí conecté con un grupo local de estudiantes, mayormente de física, con los que me fui de acampada en más de una ocasión. Tenían un estilo muy alternativo para la época, defendían el anarquismo, fumaban marihuana y escuchaban la música de grupos como Triana o Medina Azahara.

Cuando se despertaban, en plena Sierra Nevada, se ponían a cantar con Joan Manuel Serrat: «Hoy puede ser un gran día, plantéatelo así, aprovecharlo o que pase de largo depende en parte de ti». Era como un himno, para mostrar una actitud de despreocupación por lo que podía pasar. Si alguna ascensión no salía según los planes —que era lo más habitual—, si nos cogía la lluvia, si nos perdíamos o nos quedábamos sin víveres, alguno sentenciaba: «Hemos tenido una nueva experiencia». Así, convertíamos en positivo lo que inicialmente parecía negativo.

La joven protagonista de la película *Amélie* pasea sin rumbo por las calles de París, fijándose en las cosas más curiosas. Saludando y tratando de ayudar a aquellos con quienes se topa.

De la misma forma puedes pasearte como directivo por los departamentos, interesarte por lo que hacen allí. Preguntar por cada uno de los colaboradores.

> ¿Cómo reaccionas ante las contradicciones de la jornada (te llega una multa, la informática falla, alguien te adelanta por la derecha)? ¿Te pones a vociferar contra los presuntos culpables: empleados, jefes, pareja o la administración?

Si vas acelerado, sobrecargado, sin margen de maniobra, lo más probable es que reacciones mal.

18.
Sacar la viga del propio ojo, antes que la paja del ajeno

Tendemos a apropiarnos lo que salió bien y a sacarnos de encima lo que salió mal. Nos consideramos culpables de todo lo bueno e inocentes de todo lo malo. **Nos gusta destacar la competencia propia y la incompetencia ajena.** Somos exigentes con los demás y condescendientes con nosotros mismos.

Con estas actitudes resulta lógico que las reuniones se caldeen y los asuntos no avancen. Se entra en dinámicas conflictivas de *win/lose.* ¿Para qué sirve reunirse con ese estado de ánimo?

Después de un tiempo de no hacerlo, asistí a la reunión de vecinos de mi escalera. Nunca pensé que nuestro inmueble tuviera tantas amenazas: lluvias torrenciales, pájaros, polizones, perros, turistas borrachos, exaltados manifestantes (que me quemaron la furgoneta), grafiteros, ladrones de bicicletas, normativas municipales, paredes en mal estado, riegos descompensados que mojan terrazas ajenas. **¿Cómo entenderse mejor con los vecinos?**

Lo más interesante para mí eran los personajes que discutían en la sala de estar del 3.º 2.ª. Cada loco con su tema:

mis humedades, mis ruidos, la rampa para facilitar la movilidad de mi tío abuelo, el cartel luminoso de mi comercio de la planta baja. ¿Por qué cuesta tanto avanzar en una reunión de vecinos? ¿Por qué tantos salen desconsolados, con sensación de incomprendidos o asustados por las derramas? ¿Cómo promover el consenso?

Con algunas corbatas de más y algunas mujeres de menos, las reuniones de directivos discurren por caminos parecidos. Cada uno entra con la idea de apropiarse de lo que va bien, y cargar a otro lo que va mal. Atacar y defenderse, haciendo bueno el dicho: **Errar es humano. Pero es más humano echarle la culpa a otro.**

En un proyecto de transformación para un hospital importante, creamos un taller de «calidad asistencial», al que tenían que acudir sus 900 empleados. Los primeros en participar fueron el *«bottom line»* (enfermeras, camilleros, personal de cocina). Todos salieron entusiasmados diciendo: «Esto es exactamente lo que necesitamos para mejorar, estamos 100 % de acuerdo, pero con los jefes que tenemos [directores de servicio, supervisoras de planta] nada podemos hacer. ¡Contádselo a ellos!».

Como estaba previsto en el proyecto desde el inicio, lo hicimos así. Al mes siguiente esos jefes asistían a un curso idéntico. Todos salieron entusiasmados diciendo: «Esto es exactamente lo que necesitamos para mejorar, estamos 100 % de acuerdo, pero con los jefes que tenemos [comité de dirección] nada podemos hacer. ¡Contádselo a ellos!».

Como estaba previsto en el proyecto desde el inicio, lo hicimos así. Al mes siguiente esos jefes asistían a un curso idéntico. Todos salieron entusiasmados diciendo: «Esto es exactamente lo que necesitamos para mejorar, estamos 100 % de acuerdo, pero con los jefes que tenemos [central del grupo en Madrid] nada podemos hacer. ¡Contádselo a ellos!».

Este es el síndrome de la **dilución de la responsabilidad**. Los empleados se excusan en sus jefes, los jefes se excusan en los empleados o en la competencia. Los de ventas atacan a los de diseño de producto y los de *marketing* al *controller*.

¿Cómo revertir esta dinámica escapista y bloqueadora? ¿Cómo lograr que cada uno asuma la parte de responsabilidad que le corresponde para poner en marcha el proceso de mejora organizativa?

Solo si reconocemos que somos parte del problema estaremos en disposición de formar parte de la solución.

La mayoría de los encuentros de gente importante, los consejos de administración o el congreso de diputados como caso paradigmático, no son espacios de diálogo y aprendizaje. Son lugares para tirarse los trastos a la cabeza. El análisis de los asuntos no se enriquece porque, sistemáticamente, defendemos nuestras posiciones y rechazamos las de los demás.

En la dimensión racional no se mejora, y en la dimensión emocional se sale peor de como se entró. Con episodios de minusvaloración, apropiación del mérito ajeno, vanidad, narcisismo, fuego cruzado, resentimiento, miedo... Las reuniones se viven como una lucha, en la que no aprendemos ni lo pasamos bien.

Cómo obtener un MBA sin salir de casa (ejercicio)

Propongo un ejercicio para invertir este proceso de atribución de culpas ajenas y méritos propios. En lugar de destacar la competencia propia y la incompetencia ajena, reconocer la incompetencia propia y la competencia de los demás.

Pensad en la fuerza que tendría que cada uno con su equipo, en lugar de pavonearse de sus virtudes y criticar a los demás, se dedicara a reconocer aspectos en que sus compañeros son mejores que él. Mejores en cumplimiento de plazos, con más encanto para convencer o con más iniciativa.

No sería necesario cursar programas directivos en escuelas de negocios, porque el máster podemos montarlo en nuestra propia casa. Puedes aprender la simpatía de fulanito y la capacidad de cuidar los detalles de menganito, la forma de planificar de uno y la forma de escribir del otro.

Ejercicio: Tenga el máster en su propia casa

1. Cada uno reconoce microhabilidades en las que quisiera mejorar, y las escribe en una tarjeta.
2. Se hacen rondas de reconocimiento, en las que los colegas indican habilidades directivas que destacan en sus compañeros.
3. Se hace un *matching* entre las cualidades (re)conocidas de unos y las necesidades de mejora de los otros.
4. Se crean parejas o grupos de intercambio de experiencias, en los que los maestros, que tienen una cualidad destacada, comparten sus tácticas con aquellos que quieren aprenderlas.

Parte V.
Check list: ¿Eres un líder pacífico?

Tu liderazgo será pacífico o no será

19.
Fórmulas para alcanzar paz:
Whisky o San Agustín

En nuestro entorno cultural, la fórmula protocolaria para dar las condolencias por la muerte de alguien es «Descanse en Paz», RIP (del latín *requiescant in pace*). El sepulturero protagonista del monólogo del cómico Joan Capri (*L'enterramorts*) decía: «En todas las lápidas del cementerio ponía más o menos lo mismo: "Aquí descansa", "Aquí descansa". Pero un día encontré una en la que se leía: "Aquí continúa descansando". Debía de ser alguien realmente vago, ¿un funcionario quizá?».

Nos gustaría llegar a ser personas pacíficas, que pusieran paz en el entorno. Nos gustaría trabajar con calma y esperanza. Nos gustaría sobre todo tener nuestro interior sosegado, acabar el día con una sensación interna de tranquilidad.

¿Cómo conseguir la paz verdadera?

Para alcanzar la deseada serenidad nocturna, podemos intentar ver televisión hasta la madrugada, recurrir al Valium o algún otro fármaco, más o menos autorizado. Podemos cansarnos y desahogarnos con una actividad violenta. Otros preferirán echar unos tragos. ¿Cuál es la paz que estamos buscando?

La definición de PAZ más conocida se la debemos a Agustín de Hipona. Un desenfrenado intelectual pagano del imperio romano que acabó siendo obispo por aclamación popular de su ciudad en el norte de África.

Paz = Tranquilidad en el Orden.

No se puede decir más con menos. Esta fórmula resume el mensaje de todo el libro. Yo la utilizo como mantra en momentos de desorientación. Y la intento inculcar a mis hijos en los omnipresentes periodos de exámenes que tanto les estresan.

La paz es una sensación derivada del orden, un sentimiento que nace de algo anterior. No se trata de alcanzar la paz a cualquier precio. Podemos alcanzar sentimientos diversos de bienestar, pero el sentimiento propio y específico de paz se funda en la realidad de las cosas, en el orden de nuestros planes y de nuestras actividades.

Si alguien quiere calmarse ignorando el caos en el que vive no alcanzará una paz duradera, solo su sucedáneo. La paz es «consecuencia de». Un resultado en el plano emocional de una forma determinada de pensar y de actuar.

El orden que da la paz tampoco es la mera disposición material de los objetos, aunque el orden material ayuda. Mi mujer tiene razón cuando se queja de cómo dejan mis hijas las habitaciones: ropa en el suelo, luces encendidas, puertas abiertas, platos con comida... En su momento, leímos ambos *La magia del orden* de Marie Kondo, pero no ha sido suficiente.

Lo importante es el orden de las acciones y los deseos. El orden entre las dimensiones de nuestra vida, y la armonía con las personas con que nos relacionamos habitualmente. Si no hay orden interior, difícilmente habrá un buen orden exterior.

«Cuida el orden y el orden te cuidará a ti», sigue diciendo San Agustín.

Un orden —y una paz— que tiene tres ámbitos fundamentales:

- **Paz social o laboral** fruto del orden entre los agentes sociales y económicos.
- **Paz familiar** entre miembros de una familia que aceptan su orden interno.
- **Paz en el alma** cuando los afectos están ordenados.

El Diccionario de la RAE define paz como: «Virtud que pone en el ánimo tranquilidad y sosiego, opuestos a la turbación y las pasiones». Definición sustanciosa: te invito a releerla. Leer pacíficamente un pensamiento constructivo, como un mantra, ayuda a pacificarnos.

La Gran Enciclopedia Rialp (GER) presenta la paz como un sentimiento, más o menos persistente, de sosiego interior, de calma y quietud, en ausencia de cualquier conflicto, ansiedad o agitación. Y continúa: pueden esos sentimientos tener un origen ignoto, pero es más característico que se deriven de la satisfacción de un fuerte deseo, de haber logrado un equilibrio estable de los propios afectos.

Me encanta esta observación. Podemos estar en paz porque estamos amodorrados o porque nos hemos tomado cuatro *gin-tonics*. Pero el buen sentimiento de paz proviene de la finalización de alguna tensión o de la consecución de un objetivo valioso.

Cada día aprecio más la sabiduría oriental —practico a diario sus ejercicios—, pero la idea de paz que aquí se dibuja va más allá. Es una idea más occidental, más objetiva que subjetiva. No se trata de sedar el alma, de tomar distancia, de no tomarse las cosas como algo personal. El sentimiento de paz definitivo deriva de la **convicción íntima** de estar haciendo lo que **nos corresponde**, lo que **aporta**, lo que encaja con nuestra esencia.

La paz se deriva de que nuestra convicción íntima se corresponda con la realidad exterior. No es la paz del ingenuo que no se entera de lo que pasa. Es la satisfacción del deber cumplido (en terminología de antes) o la satisfacción por hacer realidad el propio sueño (en una versión más actual).

No anhelamos una mera sensación de paz, sino **culminar un día que ha valido la pena, para aquello que somos y para lo que queremos ser**. Nos da paz encajar con nuestra vocación, realizar nuestra esencia, cumplir nuestra misión más íntima.

La paz, continúa la GER, es aquella virtud que pone tranquilidad y sosiego en el fuego de las pasiones del alma, cuando se someten a la razón. Supone regular esos sentimientos y canalizar sus contrarios, como la excitación, la angustia, la inquietud y el remordimiento.

El concepto de paz incluye el **conocimiento** y la **aceptación de la propia realidad** —en sus aspectos deslucidos y en los brillantes— y también comporta una **visión prometedora y segura del propio futuro**. Por eso se le opone una actitud de descontento ante la vida, así como de incertidumbre ante el porvenir.

Los efectos beneficiosos de alcanzar la virtud de la paz son inmensos:

- Controlar los pensamientos tóxicos.
- Controlar los sentimientos de **ansiedad, inquietud y zozobra**.
- Controlar las relaciones, tanto con las personas amables como con las tóxicas.
- Modular nuestros compromisos, de forma que no nos pongan en situación de **inquietud.**

20.
¿Has encontrado tu lugar o sigues dis-locado?

«Algún día, en cualquier parte, en cualquier lugar, indefectiblemente te encontrarás a ti mismo, y esa, solo esa, puede ser la más feliz o la más amarga de tus horas».

PABLO NERUDA

El sentimiento de paz auténtica, personal e interpersonal con uno mismo y con los demás es un sentimiento cercano a la felicidad. Es la expresión somática de nuestro ideal de vida. Una sensación mental, emocional y corporal de quietud por plenitud. Algo parecido a lo que Abraham Maslow llamó «autorrealización».

La paz es un sentimiento de sosiego, consecuencia de haber llegado al lugar que nos corresponde. Estar donde

- nos encontramos a nosotros mismos,
- nos encontramos con los demás y
- encontramos nuestro destino.

Quien tiene paz está enraizado, vive sobre algo fijo. Y no teme al azar, ni al oleaje. Enrocado como el faro en medio de la tormenta. Seguro de sí mismo. No tiene necesidad de huir, ni se afana en buscar lejos. Está donde debe estar.

No he encontrado mejor expresión de esta idea que el poema de Joan Vinyoli «El lloc» (el lugar) del poemario *Vent d'Aram* (Viento de Cobre).

> *En arribar a l'indret*
> *dels roures i dels cedres, la vellúria*
> *dels quals fa remuntar-nos als besavis,*
> *se m'han tornat molt insignificants*
> *totes les coses, tots els passos fets*
> *fora d'aquí, l'insensat afanyar-se*
> *per caminar. Vers on? Només importa*
> *no moure's,*
> > *trobar el lloc.*

> Al llegar al lugar
> de los cedros y los robles, la antigüedad
> de los cuales nos remonta a los bisabuelos,
> se me han vuelto muy insignificantes
> todas las cosas, todos los pasos hechos
> fuera de aquí, el insensato afán
> por caminar. ¿Hacia dónde? Únicamente importa
> no moverse,
> > encontrar el lugar.

Cuando se encuentra el lugar de uno, se encuentra la paz. Todo encaja. Nos situamos como una pieza de puzle encaja en su lugar. Toda la forma adquiere así significado. Se entra en estado de reposo. Y parecen insignificantes todas las horas pasadas fuera de allí, el insensato caminar...

Buscamos porque no estamos en equilibrio. Nos movemos, nos agitamos, vamos de un lugar a otro porque no estamos satisfechos con el lugar que ocupamos.

Cada día vivimos más dis-locados, entre donde vivimos y donde trabajamos, entre donde trabajamos y donde tenemos la familia, entre nuestro centro de trabajo y donde están los clientes, entre nuestros estudios y nuestra función, entre lo que nos gustaría hacer y lo que nos ayuda a ganarnos la vida. Estamos aquí, pero con nuestra atención en muchos otros lugares.

Vivimos dislocados entre deseos y realidades. Entre la empresa en que estamos y la empresa en que nos gustaría estar. Entre la familia con la que estamos y la familia que desearíamos tener. Entre lo que estamos haciendo y lo que pensamos que deberíamos estar haciendo.

El Principito se reía de esta dislocación a propósito del transporte por ferrocarril. Lo que se desplaza en un vagón de derecha a izquierda es lo mismo que vuelve de izquierda a derecha en el próximo convoy.

—¿Qué haces aquí? —preguntó el Principito al guardavías.

—Formo con los viajeros paquetes de mil y despacho los trenes que los llevan, ya a la derecha, ya a la izquierda.

Y un tren rápido, rugiendo como el trueno, hizo temblar la caseta del guardavías.

—Tienen mucha prisa —dijo el Principito—. ¿Qué buscan?

—Ni siquiera el conductor de la locomotora lo sabe —dijo el guardavías.

Un segundo rápido iluminado rugió en sentido inverso.

—¿Ya vuelve? —preguntó el Principito.

—No son los mismos —contestó el guardavías—. Es un cambio.

—¿No se sentían contentos donde estaban?

—Nunca se siente uno contento donde está —respondió el guardavías.

Y rugió el trueno de un tercer rápido iluminado.

—¿Van persiguiendo a los primeros viajeros? —preguntó el Principito.

—No persiguen absolutamente nada —le dijo el guardavías—; duermen o bostezan allí dentro. Únicamente los niños aplastan su nariz contra los vidrios.

—Únicamente los niños saben lo que buscan —dijo el Principito. Pierden el tiempo con una muñeca de trapo que viene a ser lo más importante para ellos y si se la quitan, lloran...

Un amigo mío proponía realizar un ejercicio de *matching* en el puente aéreo Barcelona-Madrid. Seguro que hay un número de consultores, abogados o formadores que van de Madrid a Barcelona para atender un compromiso profesional en Barcelona, más o menos simétrico al número de consultores, abogados o formadores que van de Barcelona a Madrid para atender compromisos profesionales en la otra ciudad. Se trataría de encontrar las correspondencias, y que cada uno se quedara con los clientes de su ciudad evitando así la dislocación que denunciaba el Principito.

Vivimos agitados. No estamos cómodos en nuestro lugar y aspiramos a encontrar otro mejor, en el que nos sintamos más acogidos o estimulados.

Resulta interesante la experiencia del asturiano Álex Galán (*El viajero del hielo*), que pasó meses (con)viviendo en rincones perdidos de la estepa siberiana, en la que apenas hay objetos fabricados, ni apenas personas.

Tienen una concepción distinta de la vida. Me sorprendió que vivieran tan lejos de todo, y al decírselo respondieron: Lejos estás tú. Para mí, esto es el centro del mundo. Al final, no somos tan diferentes.

Para todos, donde estamos es el centro del mundo. Puede que ellos estén menos desarrollados en una escala material, pero van muy por delante en cuanto al desarrollo interior, en una escala humana. Allí la gente no tiene depresiones, ansiedad, angustia o estrés. ¡Allí eso no existe! **En Occidente hemos avanzado mucho en lo externo, pero nos hemos olvidado de la parte interna, de la esencia humana.**

Directivos con TDAH

El estrés dañino no procede de la cantidad de trabajo, sino de la falta de identificación con lo que logramos. Podemos soportar grandes esfuerzos si vemos sentido al esfuerzo. Para muchos enfocarse en su trabajo ha sido un recurso esencial para superar periodos de depresión. Un trabajo intenso, que vemos como propio, porque es para los hijos, por ejemplo, nos da paz.

¿Cómo nos cuesta estar centrados en lo que hacemos? En el oficio que hemos alcanzado, con los empleados de siempre y los clientes de toda la vida.

Parece haber una confabulación general para cambiar. Cada nuevo político tiene que cambiar el sistema educativo, cada nuevo director general cambia sus asesores y su empresa de consultoría, cada nuevo directivo cambia el sistema informático. Pero cambiar no significa necesariamente progresar, ni progresar, necesariamente avanzar.

Los directivos manifiestan actitudes propias del trastorno de déficit de atención por hiperactividad (TDAH). Están inquietos si no presentas cosas nuevas continuamente. Pienso ahora en directivos de negocios que van bien. Que curiosamente piensan que deberían hacer algo distinto, cuando están haciéndolo bien. Y no se sabe cómo les iría si hicieran esas otras actividades que sienten que deberían hacer.

Henry Thoreau diagnosticó que padecemos el mal de San Vito: «No hay forma de que podamos mantener quietas nuestras cabezas». Con lucidez profética continuaba:

Un hombre se toma una siesta de media hora después de comer. Cuando despierta, levanta la cabeza y pregunta ¿qué hay de nuevo?, como si el resto de la humanidad se hubiese mantenido a la expectativa. Algunos dan instrucciones de que se les despierte cada media hora, con ningún otro propósito que saber qué está pasando; y luego, para compensar por ello, cuentan lo que han soñado.

Después de una noche de sueño, las noticias son tan indispensables como el propio desayuno. «Por favor, decidme algo nuevo que haya acontecido a un hombre en cualquier parte del mundo». Y procede a leer por encima de su café y bizcochos que a un hombre le arrancaron un ojo esta mañana en el Río Wachito. Sin darse cuenta de que es a él a quien le falta la visión.

Vivimos en un permanente estado de alerta, en un afán de novedad continua. ¿No se podría informar de los movimientos de la Bolsa una vez a la semana? ¿No podemos ampliar los plazos de revisión de resultados? Y, sobre todo, ¿no deberíamos apagar las alertas del teléfono, y seguir lo que pasa cada cuatro horas?

21.
Los 3 pilares del líder centrado: Negocio, equipo y Unomismo

Frente a la cultura del directivo ajetreado es preciso reivindicar un liderazgo alternativo. El liderazgo poscovid será pacífico o no será. Un líder pacífico que irradia paz, que no amenaza y tiene paz en su interior.

Acercarse al superior directo debería darnos paz, y lo que normalmente da es miedo. Cuando nos sentimos amenazados (por el futuro, los accionistas, otros niveles jerárquicos...) transmitimos malas vibraciones, aunque con la boca digamos que todo está bajo control.

Al líder pacífico podemos llamarle **líder ordenado**, si superamos una visión mezquina del concepto de orden. Como la que aparece en la película *Una jornada particular*: «El orden es la virtud de los mediocres». El orden puede verse como la virtud de quien no se atreve a salir de casa, de quien no arriesga, de quien no participa en los grandes retos del momento.

Por eso, prefiero acercarme a la idea del líder pacífico desde el concepto de **líder centrado**.

El líder pacífico está tranquilo porque, a pesar de tener mucho que hacer, está en el lugar en el que debe estar.

Está en su quicio, no desquiciado. Tiene un eje, un centro alrededor del cual gira toda su actividad. Las piezas le encajan.

- TIENE PAZ EN SU ACTIVIDAD Y AGENDA, domina el negocio.
- TIENE PAZ CON LOS DEMÁS, construye paz y espacios de paz.
- TIENE PAZ EN SU INTERIOR, que emana hacia el exterior.

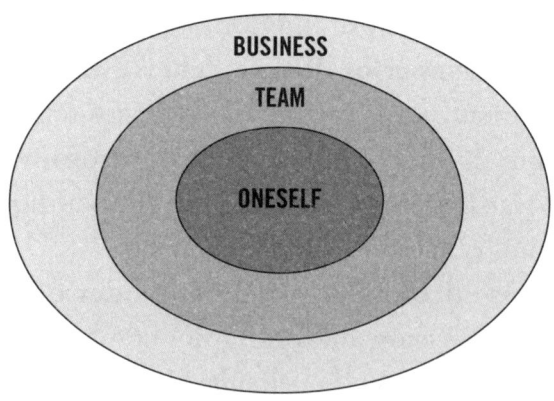

¿Centrado en el negocio?

Cuentan que en una ocasión un profesor de una importante escuela de negocios, que trabaja por el método del caso, se ponía muy nervioso por la dificultad de controlar la sesión mediante esta metodología. Cada día antes de la sesión, pasaba por el bar de la escuela y pedía un trago que le ayudara a superar el estrés de la clase.

Como el sistema no conseguía calmarlo, se vio obligado a pedir cada vez un licor más fuerte: de cerveza a whisky, de un trago simple a uno doble... Pero tampoco le funcionaba.

Finalmente, un día, el profesor apareció tranquilo en el bar un momento antes de su sesión y solo pidió un vaso de agua mineral. «¿Qué ha pasado?», le preguntó el barman sorprendido. A lo que él respondió: «Es que ahora me leo el caso».

No es posible vivir un liderazgo tranquilo si no tenemos un dominio mínimo de las claves de nuestro negocio y de sus *timings*.

La multitud de demandas que reclaman al hombre de vértice es campo abonado para que pierda el norte. Se puede dedicar a infinidad de tareas, muy sanas y legítimas, que se ven como necesarias (controlar el presupuesto, cuidar la imagen pública o invertir en el *know how*), pero que en realidad le están apartando del *core*, de la esencia del negocio en ese momento.

Los mensajes que se difunden desde las escuelas de negocios muchas veces no ayudan. Parece que el directivo profesional deba esencialmente dedicarse a las tareas técnico-administrativas (planificar, organizar, coordinar, evaluar, controlar) y apenas a tareas específicas del propio negocio. Todo para el negocio, pero sin el negocio.

Los mensajes de liderazgo parecen indiferentes a en qué negocio estamos y dónde se gana el dinero. A los alumnos se les plantean juegos de negocio simulados que duran meses, donde financian, compran, producen y venden, pero no queda claro de qué producto se habla; qué es aquello que se compra, se produce y se vende. Pero eso lo cambia todo. No podemos gestionar un negocio agrícola, gestionamos uno de Blockchain.

Buena parte de la formación actual, en lugar de centrarnos en el negocio, nos descentra de él. Se habla de estructuras, análisis, estrategias, todo un mundo barroco, que he denunciado en mi libro *El japonés que estrelló el tren para ganar tiempo*. Mi colega Xavier Marcet critica este desenfoque, desde su perspectiva de innovación:

Pensábamos que era suficiente con poner paredes de cristal, llenas de pósits colgados, un cursillo de Design Thinking o un futbolín. Veo muchas empresas con un **empacho de inspiración**, con bibliotecas llenas de ideas que no tienen ningún impacto en productos que den margen. Nos hemos dedicado a industrializar el humo. Hemos creado una liturgia que no es negocio.

Me viene a la cabeza el chiste de aquel judío que en su lecho de muerte interroga a sus hijos: «Judit, ¿estás aquí?», y esta contesta: «¡Por supuesto, aquí a tu lado!». «José ¿estás aquí?», y este contesta: «¡Por supuesto, aquí a tu lado!» Y así va confirmando la presencia de sus hijos uno por uno. Finalmente se enfada: «¡Entonces, ¿quién narices está cuidando la tienda?!».

Los buenos directivos tienen claro dónde está el meollo de su actividad, dónde se gana el dinero. Puede no ser algo obvio. Podemos ganar dinero por nuestra forma peculiar de vender o de comprar, financiar, poner precios, o mantener una concesión...

La película *The Founder* muestra el contraste entre las actividades del negocio y la fuente principal del negocio. Mientras los fundadores reales de McDonald's —los hermanos Dick y Mac McDonald— se empeñan en hacer mejor cada día las hamburguesas, un empleado suyo (Ray Kroc) considera que el negocio del futuro está en gestionar terrenos para los franquiciados. Comprar terreno barato en zonas de nueva expansión, que luego endosa a dinámicos hombres de negocios del MidWest. ¿Cuál de las dos concepciones del negocio acabará por imponerse?

En esta misma dirección, el director de una importante cooperativa alimentaria de base ganadera resumía: «Nuestro negocio consiste en transformar pienso en carne, que tiene más valor». Y el presidente de un grupo familiar de perfumería tenía claro que en su sector es importante «tener nariz» (*tenir nas*). Una expresión catalana con doble significado: persona que capta bien los olores, pero también persona capaz de captar dónde están los nuevos negocios.

Pequeño cuestionario del directivo centrado en el negocio

a) ¿Podrías definir tu negocio en una fórmula?

b) ¿Cuáles son los 3 procesos de negocio básicos que generan dinero?: comprar de una determinada forma, vender de una determinada forma, financiar de una determinada forma, contratar de una determinada forma.

c) ¿Podrías indicar las principales tendencias en el sector? ¿Cuáles han sido los principales acontecimientos en los últimos dos años? ¿Conoces a los grandes del tema?, ¿has intentado ponerte en contacto con ellos?

d) ¿Cuántos libros de subespecialidad has leído? ¿Estás suscrito a alguna publicación? ¿Buscas novedades por internet? ¿Podrías mencionar cuál es el último gran libro publicado?

e) ¿Conoces a colegas del sector con los que hablas sobre lo que se está cociendo? ¿Tienes una fórmula para estar al día?

f) ¿Has asistido a algún encuentro en los últimos años? ¿Has preparado alguna ponencia? ¿Has realizado desplazamientos —preferentemente fuera del país— con el exclusivo propósito de conocer nuevas experiencias?

g) Tus colegas —tanto dentro como fuera de la empresa— ¿acuden a ti más allá de la operativa diaria para consultarte asuntos?

¿Centrado en tu equipo?

A los directivos les gusta repetir que las personas son su principal activo. Pero pocos aplican a las dificultades con su gente el mismo rigor que usan con sus dificultades informáticas, ni se baraja el mismo orden de cifras de inversión para arreglarlas. ¿Diagnosticamos personas con el mismo detenimiento con que analizamos estados financieros?

Recientemente, discutía con un grupo de ejecutivos un caso de un jefe de obra problemático. Unos proponían ascenderlo, otros despedirlo. ¿Cómo podemos divergir tanto entre gente preparada que ha estudiado con detenimiento la situación?

No acabamos de creernos que un negocio (especialmente en el sector servicios) es poco más que un conjunto de gente compenetrada. Que perder un directivo es como perder una planta fabril. Que **a la gente hay que ganársela cada día** y que **cada día es más difícil ganársela.** Que un comentario desafortunado tiene un impacto directo sobre la cuenta de resultados.

Dedicamos poco tiempo y poco rigor a gestionar colaboradores. Tengo un libro escrito sobre el tema: *Gestión de Incompetentes: Un enfoque innovador de la gestión de personas,* 14.ª ed. (2010). Si ponemos atención y, sobre todo, dedicación, se puede aprender a dirigir a las personas. Amar, dice Álex Rovira, es dedicar tiempo. Generalmente, cuanto más tiempo dedicas a alguien más le conoces y más le amas. Y por el contrario, si tratas poco a un colaborador, le vas a apreciar menos y tener menos en cuenta.

Perder el tiempo con la gente. Comentar la jugada, pararse a saludar, andarse con contemplaciones, son actitudes imprescindibles para gestionar personas. Estamos hartos de decir que es esencial tener tiempo de calidad, pero para que haya calidad debe haber un mínimo de cantidad.

Pequeño cuestionario del directivo centrado en las personas

a) En una semana laboral cualquiera, ¿qué parte de tu tiempo la dedicas a dialogar con tus colaboradores? ¿Qué ratos concretos (viajes, comidas, cafés)?

b) ¿Qué tiempo **dedicas a pensar** en tus colaboradores? ¿Aprovechas los desplazamientos?, ¿justo antes y después de encontrarte con ellos?

c) ¿Vuelves a casa con la sensación de haber perdido el tiempo cuando tus colaboradores te han interrumpido explicándote sus inquietudes?

d) ¿Escuchas los argumentos de los demás? ¿Has puesto en práctica ideas contrarias a las que defendías que han tenido éxito? ¿Lo reconoces abiertamente?

e) ¿Qué actividades has cedido para que las asuman otras personas? ¿Has hecho la prueba de desaparecer, renunciando a tu responsabilidad en algún tema?

f) ¿Piensas en tus colaboradores en perspectiva? ¿Qué harán dentro de 5 años? ¿Has concretado una competencia en la que puedan avanzar?

g) ¿Reconoces cualidades de tus colaboradores por encima de las tuyas?

¿Centrado en ti mismo?

Es difícil llevarse bien con las personas si uno no se lleva bien consigo mismo. Un directivo estresado, ansioso, impaciente es el peor augurio para una organización. Una persona frustrada, insegura, resentida genera un ambiente laboral irresistible. La gestión de uno mismo tiene la última palabra del liderazgo que vamos a ejercer.

La gente dirige tal como es. Es imposible lograr una atmósfera comunicativa si uno es arrogante y está convencido de que los demás no tienen nada relevante que aportar.

Hoy ha venido a casa el repartidor de fruta del mercado. Despotricaba continuamente acerca del ascensor, el pedido, las escaleras, su hermano, su mujer, la empresa y el jefe. Los gritos se han oído en todo nuestro apartamento, lo que ha dificultado el descanso y el estudio. Sin duda, este hombre tiene problemas en su vida, y por eso está peleado con todo aquel que se encuentra.

La mayoría de las dificultades de la cultura corporativa vienen dadas por una proyección de complejos y desórdenes interiores del CEO. Un directivo temeroso inunda todo de sistemas de control. Un directivo acomplejado se dedica a promocionar a los mediocres y a marginar a los talentosos. Un director vanidoso colapsa la organización.

Casi nunca me han contratado para llevar a cabo un proyecto que mejore las competencias y actitudes del director general. Pero casi siempre he acabado con la convicción de que la principal dificultad para cambiar lo que se quería cambiar era, precisamente, la actitud del propio director general que me contrataba.

Cualquier planteamiento de mejora organizativa acaba topando con la realidad de cómo están, cómo piensan y cómo sienten los líderes en ese lugar. **La mejora personal del directivo, la gestión de uno mismo, tiene la última palabra sobre el cambio organizativo posible y necesario.**

Cambia tú mismo y habrá un sinvergüenza menos en el mundo. La primera responsabilidad de cualquier responsable es responsabilizarse del propio responsable. Tratar de mejorar al grupo es siempre mejorar al responsable del grupo. Volvamos a la conocida frase de Gandhi: «Sé tú mismo el cambio que quieres provocar en el mundo».

¡Cuántos aprietan los puños criticando lo que les rodea, cuando el problema es que no han dormido suficiente! Si hablas con agresividad a los demás, es porque llevas agresividad dentro, porque no estás reconciliado contigo mismo.

En los puestos de la alta dirección es especialmente cierta esta sentencia de Baltasar Gracián: «No ha de ser tan de todos, que no se sea de sí mismo».

La caridad bien entendida empieza por uno mismo, le gusta recordar a Borja Vilaseca. No podremos amar a los demás si no nos amamos primero a nosotros mismos. En una de sus ingeniosas ocurrencias, el cómico alemán Karl Valentin decía: «Hoy me visitaré a mí mismo; espero estar en casa».

Pequeño cuestionario del directivo que cuida de sí mismo

a) ¿Piensas que te gustaría apuntarte a un gimnasio, un club de debate, curso de baile..., y no lo haces por falta de tiempo?

b) ¿Te quejas de que deberías dedicar más tiempo a tu familia, al voluntariado o a los vecinos?

c) ¿Llegas con tiempo a los actos a los que te has propuesto ir (teatro, deporte, actos religiosos...), o llegas tarde, al menos cinco minutos? ¿Habitualmente esperas o te esperan?

d) Cuando te llama un conocido al trabajo, ¿le dices que estás liado o que estás tranquilo y disfrutando?

e) ¿Has alcanzado tu «velocidad de crucero» o sigues esperando mejores circunstancias?

f) ¿Te encuentras satisfecho con la calidad de tu vida laboral? ¿Tienes un ritmo que te parece razonable? ¿Te has propuesto cambiar de trabajo si no es así?

g) ¿Acabas tu jornada laboral en una actitud de serenidad y acción de gracias o, por el contrario, con la sensación de tener tantos asuntos pendientes que deberás acudir antes al trabajo al día siguiente?

Epílogo: Los mantras del liderazgo *slow*

Un mantra es una frase, pensamiento o ingenio que nos sirve como criterio práctico inmediato para la mente y para la acción consecuente. Tenerlos en tus labios y en tu mente te será muy útil como regla de decisión para acertar en tu día a día y para encalmar tu espíritu.

Principios generales para liderar *slow*

1. La prisa vuelve incompetentes a los profesionales más competentes.
2. Vísteme despacio que tengo prisa.
3. La felicidad es inversamente proporcional a la aceleración. (Pániker)
4. Importa más saber a dónde vas que a la velocidad a la que vas.
5. No por mucho madrugar amanece más temprano.
6. *Non multa sed multum.* (Quintiliano)
7. *When you feel the need to speed up, slow down.* (Kimi Werner)

8. La prisa es el mejor modo de perder el tiempo. (S. Klein)
9. Lo Urgente puede esperar, lo muy Urgente debe esperar.
10. Haz lo que debes, y está en lo que haces. (J. M. Escrivá)

Trabajar menos cunde más

11. Despacito y buena letra, el hacer las cosas bien importa más que el hacerlas. (Machado)
12. Es preferible dos horas de concentración que veinte de dispersión.
13. El hombre no está hecho para la cantidad sino para la calidad. Las experiencias que vive uno para coleccionarlas, nos emborrachan y confunden...
14. No se mide el amor por el número de coitos, ni el trabajo por su sueldo, ni la contribución por beneficios, ni el aprender por las calificaciones, ni los amigos por los *likes*.
15. Quien quiera agotar el tema acaba agotado y agotando.

Con agenda holgada

16. No pienses cosas para hacer, sino cosas para dejar de hacer.
17. No es que te falte tiempo, es que quieres poner demasiadas cosas en el tiempo que tienes.

18. Si tienes dudas de si vale la pena dedicar tu tiempo a una actividad, ten por seguro que no vale la pena dedicar tiempo a esa actividad.
19. Todo cable cortado a la medida quedará corto.
20. Quien persigue a dos liebres no apresará ninguna.
21. Si los arquitectos diseñaran los edificios como los ingenieros hacen sus cálculos, matemáticos de resistencia, el primer pájaro carpintero que cruzara Nueva York acabaría con la civilización.

Detox digital

22. Tu prestigio profesional es inversamente proporcional a tu prestigio digital.
23. No puedes atender al prójimo si tienes el teléfono demasiado próximo.
24. Las redes sociales nos acercan lo que está lejos y nos apartan de lo que está más cerca. (A. Moles)
25. El amor es la no necesidad de atender al teléfono ante la persona amada. (Alain de Botton)
26. Cuando cerramos el paso a las ocurrencias que ofrece el teléfono, nos abrimos a las propias ocurrencias.
27. Hay una relación inversa entre ser accesible en la red y ser alguien interesante en ellas.

Operación Bikini: Menos es más

28. Lo bueno, si breve, dos veces bueno. Lo malo, si breve, no tan malo. (Gracián)
29. Una persona con un reloj sabe qué hora es, una con dos ya duda.
30. Tener toda la música del mundo disponible es menos que tener tus cuatro discos favoritos. (H. Rosa)
31. Sabe más cine quien ve una película a la semana que quien ve una al día.
32. En una sociedad saturada no te ayuda quien te dice qué película ir a ver sino quien te dice cuál no vale la pena.

Principios de simplificación y ahorro

33. El número máximo de asuntos que uno puede llevar sensatamente es uno menos de los que lleva.
34. Los problemas directivos actuales son más por exceso que por defecto.
35. Más caga un buey que cien golondrinas.
36. Lo más importante es que lo más importante sea lo más importante. (Küppers)
37. Nunca se mide lo más importante, sino lo más fácil de medir.
38. Muchas veces el cumplimiento se convierte en cumplo-y-miento. (Gracián)

Gestión de colaboradores (in)competentes

39. Donde hay un directivo inflado hay un empleado desinflado.
40. Donde hay un directivo estresado hay un empleado desocupado.
41. Detrás de todo jefe asfixiado encontramos un empleado desaprovechado.
42. No podemos tener los empleados que queremos, pero podemos querer a los empleados que tenemos.
43. Hay que dejar de pensar en cambiar de personas y pensar en cambiar a las personas.
44. Cuanto más suave dictes una orden, más duro arraigará en quien tenga que aplicarla.
45. Control + Confianza es una constante. Si aumentas el control desciende la confianza.
46. La principal demanda de tus mejores empleados es que los dejes (trabajar) en paz.
47. Logra más una medianía enfocada que una lumbrera descentrada.

La perfección se admira, la vulnerabilidad nos conecta

48. Los directivos valen lo que valen, dividido por lo que creen que valen.
49. Todos los directivos que se creen cracks acaban haciendo crack.

50. El necio habla mucho, el sensato poco, el sabio casi nada.
51. El grado de agresividad exterior da la medida del vacío interior.
52. De los fracasos puedes recuperarte, de los éxitos no te recuperas jamás.
53. Lo que podemos hacer para empezar a mejorar solemos empezar a hacerlo mal.
54. Hay algo peor que no alcanzar tu sueño es alcanzarlo y ver que no te ha servido para nada.

Cambia tú mismo y habrá un sinvergüenza menos en el mundo

55. Es muy difícil dominar la pelota si no eres capaz de dominar tu voluntad. (Toni Nadal)
56. Tu crecimiento interior da la medida de tu crecimiento exterior, sostenible.
57. La culpabilización exterior nace de negarse a la culpabilización interior.
58. Quien tiene vacío interior necesita ruido exterior.
59. Solemos descubrir nuestros límites cuando nos rompemos.
60. El silencio no es ausencia de ruido, es ausencia de Ego. (X. Meloni)
61. 20 minutos de meditación ahorran 20 días de medicación.

62. Es preferible pensar que pasará lo mejor y equivocarse, que pensar que pasará lo peor y acertar.
63. La caridad bien entendida empieza por uno mismo.
64. No se puede ser tan de los demás que no se sea de uno mismo. (Gracián)

Elimina todas las reuniones

65. La eficacia de una reunión es inversamente proporcional al número de participantes y al tiempo dedicado a las deliberaciones.
66. El número de asuntos tratados en una reunión es inversamente proporcional a la profundidad con que se tratan.
67. La intensidad del debate de un asunto en un comité es inversamente proporcional a la importancia del asunto.
68. Ante una decisión, tener demasiada información es más letal que tenerla escasa.
69. Cuando no tienes la sensación de que podrías decir algo más, ten la certeza de que deberías haber dicho algo menos.

Su opinión es importante.
En futuras ediciones, estaremos encantados
de recoger sus comentarios sobre este libro.

Por favor, háganoslos llegar a través de nuestra web:

www.plataformaeditorial.com

Para adquirir nuestros títulos,
consulte con su librero habitual.

«I cannot live without books».
«No puedo vivir sin libros».
THOMAS JEFFERSON

Desde 2013, Plataforma Editorial planta un árbol
por cada título publicado.

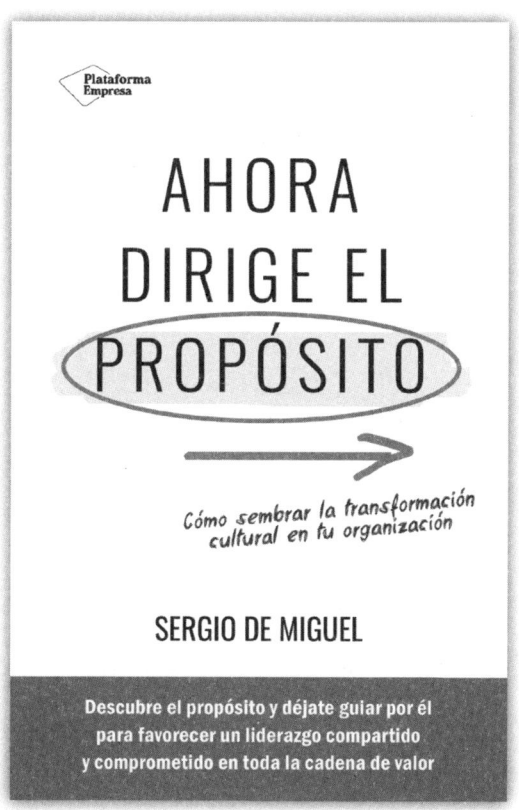

Este libro explica los conceptos relacionados con el propósito y proporciona un método, con los pasos a dar para descubrirlo y dejarse guiar por él. Además, lanza una provocación: cualquier organización podría funcionar sin CEO.